KASTOS: EL INICIO

A mi Dios y su hijo Jesús, a mi Bibi, a mí Popoya, mi papa, mi mama y mi gordita
No importa cuánto quieran de mi yo se los entrego todo.

Pietro Sighinolfi Márquez
Actor frustrado que encontró un escenario en la vida, creyente con fe en proceso, mercenario sin contrato pero con causa, abogado por camino, soñador que cayó y volvió a soñar, padre con amor imperfecto, esposo que despierta, amigo que regresa, hijo que quiere abrazar.

Un Reino

Esta no es una historia cualquiera. Es el relato de un hombre que luchó por nacer de nuevo, no desde el cuerpo, sino desde el alma. Un guerrero forjado en el desprecio, modelado por la humillación, y empujado a descubrir su valor no en la sangre que lo precedía, sino en la que derramó para reconstruirse. Pero para entender quién fue Kastos Kandar —ese ser que muchos llamaron bastardo, y otros, leyenda— es necesario mirar hacia atrás. Hacia el reino que lo vio nacer.
Ese reino era gobernado por el rey Marco y su compañera, la temible y sabia Olivo Grueso. Una tierra espléndida rodeada de montañas y sostenida por un corazón fértil: el Círculo de las Cuatro Dichas. Allí, las minas vomitaban piedras de valor incalculable; los campos ofrecían frutos capaces de alimentar imperios; los pastizales rebosaban de vida; y los bosques, densos y vastos, daban la madera que mantenía vivo el comercio y la construcción. Era un reino próspero, pero también una cuna de heridas, donde la grandeza exterior escondía batallas internas más profundas que cualquier guerra.

El reino de Marco era singular, pues su reina, conocida como "El Olivo Grueso", compartía el poder con él de manera equitativa, sin que existiera la constante lucha por el control que caracterizaba a otros reinos. La reina Olivo Grueso no solo era una figura materna, sino también una estratega astuta que comprendía que para que el reino de las Cuatro Dichas funcionara como un reloj, la administración debía ser honesta, justa y coordinada. Juntos, Marco y Olivo Grueso, se aseguraban de que la paz y la prosperidad florecieran en su tierra.

De la unión entre Olivo Grueso y Marco nacieron siete príncipes, cada uno con características que los hacían destacar y que, con el tiempo, marcarían el destino de su reino:

Radhios fue el primero de los príncipes, dotado de una sabiduría impresionante, capaz de resolver problemas complejos y tomar decisiones acertadas en los momentos más críticos. Sin embargo, su talón de Aquiles era el encanto femenino. Su mente aguda se nublaba frente a la belleza de las mujeres, lo que le hacía caer en decisiones impulsivas que no siempre se alineaban con su brillante intelecto. Su vida estuvo marcada por el deseo y la pasión, y aunque su sabiduría era incuestionable, su debilidad lo llevó a perder el rumbo en varias ocasiones.

Johnius, el segundo príncipe, fue un hombre lleno de contradicciones. Cegado por su propio orgullo y altanería, se veía a sí mismo como el centro del mundo, lo que le llevó a desafiar constantemente la autoridad de su propio padre. Su arrogancia le hacía sentir que estaba por encima de todo, lo que le alejaba de la gente y de aquellos que trataban de aconsejarle. Pese a su gran intelecto y habilidades en el campo de la estrategia militar, su visión limitada y su falta de humildad lo hacían un líder difícil de seguir.

Aníbal, el tercero, se destacó en las leyes y en la administración del reino. Hombre desapegado de las emociones y con un corazón frío, su único interés estaba en la justicia y en el cumplimiento de la ley, hasta el punto de que su apego a la razón lo alejaba de las personas más cercanas. Desde joven, mostró una independencia absoluta de sus padres, y su futuro parecía estar marcado por una devoción inquebrantable hacia su esposa, quien sería la única figura capaz de cambiar su vida.

Javnep, el cuarto príncipe, fue un hombre de números y estructuras, con una mente analítica que le permitió convertirse en el gran arquitecto del reino. Su conocimiento de las matemáticas y su habilidad en la construcción de edificios y fortalezas lo hicieron indispensable para el reino. Cada puente, cada torre, cada callejón que llevaba la firma de Javnep era una obra de arte en ingeniería. Su pasión por las construcciones no conocía límites, y su mente estaba constantemente enfocada en mejorar la infraestructura del reino.

Melveo, el quinto príncipe, fue astuto y silencioso, siempre observando desde las sombras y manejando los hilos de los eventos con maestría. A pesar de su astucia, su carácter era complejo: en el ámbito familiar, era un eunuco espiritual, es decir, un hombre apartado de las pasiones terrenales que dominaban a sus hermanos. A sus hermanas, en particular, las trataba con una mezcla de respeto y distancia. Sus hijos heredaron no solo su resistencia y prudencia, sino también su astucia y la capacidad de traicionar en silencio, sin que nadie lo notara hasta que ya era demasiado tarde.

Alvus y Flech, los dos príncipes más jóvenes, eran la dualidad en persona, como polos opuestos pero complementarios. Siempre conectados, vivían vidas paralelas, donde si uno caía en desgracia, el otro prosperaba, y viceversa. Su relación era extraña, marcada por una simbiosis que les permitía sobrevivir a las situaciones más complicadas, aunque siempre de manera independiente, sin que los demás comprendieran del todo cómo funcionaba su conexión. Donde uno fracasaba, el otro encontraba el éxito, como si su destino estuviera predestinado a ser entrelazado.

Además de los príncipes, también nacieron siete princesas, cada una con una personalidad única que reflejaba tanto las virtudes como los defectos del reino y su familia:

Yiha, la mayor de las princesas, era conocida como "la maestra de maestras". Era una mujer amable, generosa y sabia, cuya prole representaba la dulzura y la sabiduría de su madre, Olivo Grueso. Sin embargo, su vida dio un giro trágico cuando enviudó a una edad temprana, un golpe que la cambió profundamente. La serenidad y el amor que siempre había tenido por su familia se transformaron en una melancolía profunda, y su vida quedó marcada por un dolor que nunca pudo superar.

Tilda, apodada "la princesa Dragón Gordo", era una mujer ambiciosa y astuta. Su pasión por las riquezas era tal que selló su corazón a todos los pretendientes, guardando su tesoro más valioso: el control sobre su vida y su destino. A lo largo de su vida, Tilda vivió casta, sin tomar marido, y su relación con las riquezas era tan fuerte que llegó a ser más una figura mítica que real en la corte.

Alcima, irónicamente conocida como "la bella", no era una mujer de apariencia agraciada, pero su ingenio y perseverancia la hicieron destacar. En lugar de ser cortejada por los hombres más poderosos del reino, aceptó ser esposa de un rey salvaje del sur, un hombre cuya brutalidad contrastaba con su carácter pacífico. Juntos tuvieron hijos que fueron tan extraños como su unión, y Alcima aceptó su destino con dignidad, siendo madre de una descendencia peculiar que, sin embargo, llevó consigo la herencia de la fortaleza interior de su madre.

Shena, conocida como "la tormenta", era una mujer de carácter feroz. Su lengua afilada y su personalidad arrolladora la convirtieron en una mujer difícil de tratar. Su matrimonio, que comenzó como una unión llena de promesas, terminó en un desastre que resultó en el destierro de su esposo, un hombre que no supo manejar la intensidad de su carácter. Shena dejó una huella imborrable en todos los que la conocieron, pues, como una tormenta, siempre dejaba un cambio radical en su entorno.

Femma, la quinta princesa, era una mujer de mente aguda y lengua hábil, una estratega del verbo cuya astucia rivalizaba con la de cualquier cortesano. Era conocida por su dominio del conocimiento antiguo y sus intrincadas redes de información. Aunque su inclinación hacia la mentira la hacía objeto de desconfianza, su inteligencia era innegable. Su vida se mantuvo envuelta en cierto misterio, y pocos conocían realmente sus motivaciones. De su linaje nació Femmalu, la joya de sus días, una joven de belleza inquietante y espíritu indomable, destinada a convertirse en el primer amor —y tal vez la primera perdición— de Kastos Kandar.

Lomy la Glotona era una mujer que vivió con una pasión insaciable por la comida. Casada con Edgut, el gigante, Lomy poseía una devoción por los placeres terrenales que no se comparaba con nada, ni siquiera con el amor que sentía por su familia. Su obsesión por la comida rivalizaba con el deseo de su hermana Oliva por obtener el amor de su padre, y su vida fue una serie de banquetes y festines que la marcaron como una figura de exceso en el reino.

Oliva, la princesa menor, fue la más tierna de todas, pero su amor incondicional por su padre no pudo evitar que sintiera una profunda ausencia en su vida. Oliva parecía no encajar en el mundo que la rodeaba, y su relación con su madre, Olivo Grueso, estuvo marcada por la falta de tiempo y afecto. La reina veía en sus ojos la ternura que ella misma había perdido en su juventud, pero su afán por las riquezas y su dedicación a las responsabilidades del reino le impidieron amarla como ella merecía. Esta princesa, que sufrió la ausencia del amor paterno, terminó siendo la madre de Kastos Kandar, el príncipe sin título, hijo del príncipe guerrero Kastos Lontan Kandar.

La transformación inevitable

A medida que los hermanos crecían, la convicción de que el reino no les otorgaría los títulos ni las coronas que cada uno creía merecer se fue afianzando en sus corazones. Aunque el rey Marco y la reina Olivo Grueso aún reinaban con fuerza, los príncipes comenzaron a mirar hacia el occidente, hacia tierras donde su linaje real podría abrirles las puertas de nuevas alianzas. Así emprendieron su partida, con la esperanza de emparentar con casas nobles e incluso con monarcas de aquellas tierras lejanas. Y aunque lograron establecer lazos con familias de la corte occidental, jamás alcanzaron la grandeza que habrían conseguido si hubieran permanecido unidos bajo el estandarte de su madre patria.

Con la llegada de la vejez, el rey Marco cedió a los placeres de la glotonería, abandonando gradualmente las riendas del poder. La reina, aún firme, se vio sobrecargada por el peso de un reino que requería liderazgo constante. Los príncipes y princesas que permanecían en la tierra natal carecían de la capacidad —o la voluntad— para sostener el orden, y el reino, antaño fuerte, comenzó a tambalearse. Varias veces fue asediado, y aunque las monarquías del occidente ofrecieron ayuda para repeler a los invasores, esa protección tuvo un precio. En su lecho de muerte, el rey Marco, debilitado y sin fuerzas, cedió el trono al gran monarca de occidente, entregándole el esplendor de su amado reino.

Lo que fue una familia real se convirtió en un linaje de lores y cortesanos, titulados, sí, pero sujetos a las intrigas y disputas absurdas de una corte ajena. Para la reina Olivo Grueso, aquello fue una injusticia. Y en un acto de astucia visionaria, tomó los restos de su reino y forjó con ellos una nueva tierra: el Reino de las Tres Coronas. Allí, empoderó a sus hijas Yiha y Tilda, dándoles la soberanía y el deber de perpetuar la esencia de su estirpe. Su plan era claro: que los hijos de los lores del reino de occidente fuesen educados en esta tierra femenina, creciendo bajo la influencia de sus ideales.

Mientras los príncipes luchaban por relevancia en una corte lejana que nunca los aceptó del todo, el Reino de las Tres Coronas dejaba su marca en cada niño que educaba. Con el tiempo, esos niños se convertirían en adultos capaces de abogar por la supervivencia de una nación regida por mujeres sabias, fuertes y determinadas.

Entre las maestras del Reino de las Tres Coronas estaba la princesa Oliva, una criatura de ternura desbordante, cuya inocencia la hacía brillar como un cervatillo, esa flor silvestre y frágil que crece en las laderas del este, hermosa, rara y profundamente atractiva. Su dulzura no era ingenuidad, sino una forma pura de bondad que cautivaba sin esfuerzo. Fue esa misma curiosidad luminosa la que la llevó a cruzar caminos con Kastor Lontan Kandar, un príncipe errante de linaje noble pero de fortuna esquiva.

Kastor provenía de una casa que, si bien había gozado de gloria, había perdido sus riquezas a causa de las intrigas y traiciones de la corte occidental. Solo le quedaban los títulos, el apellido y una reputación de guerrero que aún imponía respeto en los reinos que cruzaba. Astuto con las mujeres, había amado una vez y salido herido. Desde entonces, su corazón, envenenado por la traición, hería todo lo que tocaba.

Y sin embargo, de su unión con Oliva —tan inesperada como inevitable— nació Kastos Kandar, el príncipe sin título, el hijo del amor torcido y de la esperanza rota. En cada batalla, Kastos arrastra el peso de su origen como una herida abierta; se lamenta de haber nacido, como si su existencia fuera un castigo. Y, no obstante, sin saberlo del todo, ha sido luz en los momentos más oscuros para muchos. Aquel que se considera a sí mismo un error, ha salvado reinos con su sola presencia.

Kastos Kandar fue el resultado de una unión inesperada entre la princesa Oliva y el príncipe errante Kastor Lotan Kandar, guerrero de linaje antiguo, marcado por el dolor. Pero Kastor no llegaba solo. Antes de conocer a Oliva, había sembrado su estirpe en otros corazones: Juninna, la guerrera loca, y Ginna, el príncipe soldado, también eran hijos suyos, frutos de su búsqueda incansable por encontrar consuelo en un mundo que lo había traicionado. Sin embargo, fue la condesa Gabinna, madre de Juninna, quien quebró el alma del príncipe. Su traición dejó una grieta irreversible en su espíritu, una herida que convirtió en espinas cada intento posterior de amar.

Esa maldición, no obstante, encontró su final con Oliva. Aunque sus caminos no se sellaron con un matrimonio ni con promesas de eternidad, la joven princesa logró lo que nadie había conseguido: le devolvió a Kastor, por un solo instante, la ilusión del paraíso. Fue un acto de amor tan puro que por un momento las realidades del mundo desaparecieron. En ese instante suspendido, sin reinos ni obligaciones, sin linajes ni heridas, el universo fue solo de ellos. Y de ese instante —fugaz, pero eterno en su belleza— nació Kastos.

Pero la dulzura del momento trajo consigo una sombra terrible. Oliva quedó encinta sin haber sido desposada, lo que desató una tormenta dentro de su familia. Para sus hermanos y hermanas, aquello era una afrenta intolerable: no solo por el escándalo, sino por lo que consideraban una unión impura, indigna de su sangre. El honor del linaje estaba, para ellos, por encima de la vida. Declararon que el niño no debía nacer, aunque eso significara la muerte de su propia hermana.

Temiendo por la vida de su hijo y la suya, Oliva se ocultó. Se apartó del mundo, incluso de su madre, la reina Olivo Grueso, cuyo juicio también se había nublado por la vergüenza y la presión de la corte. El amor de los suyos se volvió veneno. Solo con su fe y su ternura como escudo, Oliva instruyó a su hijo, desde antes de nacer, para que amase por encima de todo a su padre, y nunca dejara que la herida del desprecio gobernara su corazón.

Así, Kastos Kandar nació perseguido, con enemigos antes de haber abierto los ojos al mundo. La descendencia de sus tíos —príncipes y princesas del linaje roto— heredaría esa misma aversión, como una maldición que cruzaría generaciones. Pero en medio de ese odio, también nació una luz: la promesa de un ser que, aun sin corona, cargaría con el legado de un amor prohibido... y con la fuerza para desafiar todo lo que ese mundo intentó negarle.

De la tragedia que rodeó su nacimiento también brotó, con el tiempo, una forma de aceptación silenciosa en el Reino de las Tres Coronas. Kastos Kandar, aunque no era celebrado, fue admitido en los muros del palacio. Pero su lugar estaba marcado con ambigüedad. No era un nieto con derecho a herencia, ni un primo celebrado; no era un bastardo expulsado, pero tampoco un noble pleno. Era simplemente... una presencia tolerada. Su existencia nunca fue reclamada como gloria, sino como carga. En la mesa del palacio, si otro deseaba su plato, él debía cederlo.

Fue víctima del desprecio de varios de sus tíos, y peor aún, se convirtió en el blanco del desahogo brutal de algunos esposos frustrados de las princesas, quienes veían en él un símbolo incómodo de todo lo que no podían controlar. Kastos soportaba golpes sin razón, miradas que lo atravesaban, palabras que buscaban quebrarlo. Pero algo en su interior —quizá una chispa heredada de su madre, o la fortaleza muda de su padre— lo mantenía en pie.

Oliva, su madre, herida por el rechazo pero guiada por el amor más puro, decidió luchar por un futuro para su hijo. Aun así, su deseo de restaurar su honor y ganarse el respeto perdido la llevó a aceptar difíciles misiones en nombre del Reino. Ausente por deber, y por necesidad, su figura se volvió esporádica en la vida de Kastos, y él, en su soledad, se aferró a la ilusión de compañía que le daban las visitas de sus primos.

Sin saberlo, buscaba afecto entre aquellos que habían heredado el deseo de verlo apagarse. Pero el niño, a pesar de los abusos, seguía brillando, con una bondad que nadie pudo arrancar. Era fuerte —de complexión robusta, digno hijo del linaje guerrero de su padre—, y a la vez tierno, ingenuo y luminoso, como un gran oso que aún cree en la bondad del bosque. Más hermoso que sus primos, más valiente que quienes lo golpeaban, Kastos era una contradicción viviente: la promesa de un rey oculto en la figura de un niño despreciado.

¿Eso era justo?

En los silenciosos pasillos del palacio, donde la soledad resonaba más fuerte que los pasos, Kastos Kandar sufrió una herida que no sangraba, pero que marcaría para siempre el rumbo de su alma. Uno de sus primos, hijo de Shena, la Tormenta, llevado por el resentimiento y la envidia, descargó sobre él una brutal golpiza.

Kastos, apenas un muchacho entonces, no supo cómo defenderse. Fue atacado sin motivo claro, sin provocación. Solo quedó la violencia pura, la humillación, los golpes y el temblor posterior, cuando ya no quedaba más que el silencio cómplice de los muros. Nadie intervino. Nadie preguntó.

Ese momento —silenciado, oculto entre la indiferencia y el honor malentendido— fue una fractura en su historia. No hubo justicia, solo el eco de una impotencia que lo marcaría en lo profundo. Desde entonces, su existencia se volvió una batalla constante por reafirmar su valor, su fuerza, su hombría. Luchaba no solo contra enemigos visibles, sino contra un vacío interno que no comprendía del todo, una herida que lo empujaba a probarse, a imponerse, a endurecerse.

Esa violencia, sembrada en el silencio, lo transformó. Lo convirtió en un guerrero incansable, pero también en un hombre que buscaría durante años algo más difícil que una victoria: la paz consigo mismo.

En esa búsqueda de sentido, de redención, de amor... apareció Femmalu, la hija de Femma, aquella mujer astuta de lengua afilada. Desde niños, Kastos y Femmalu compartieron juegos que, para ella, eran simples travesuras heredadas de sus primos mayores. Pero para él, eran actos de amor puro, de entrega inocente, la esperanza de que aún podía ser digno de ternura, de deseo limpio y verdadero.

Femmalu se convirtió en el faro de su confusión, en la figura que condensaba su anhelo de pertenecer, de ser amado sin daño. Sin saberlo, ella sostenía parte del alma de Kastos, que intentaba reconstruirse entre los escombros de un pasado que jamás le fue justo.

Femmalu se evangelizó como el centro de su mundo. Para Kastos, ella era la llama que lo mantenía caminando en medio de la oscuridad, la promesa de que el amor aún podía tener forma, de que no todo estaba roto. Sin embargo, Femmalu, hija de la astuta Femma, llevaba en la sangre el juego, la ambigüedad, el arte de usar la verdad a medias como herramienta de poder. Desde pequeños compartieron secretos, risas escondidas y miradas que él interpretaba como señales de destino, pero que para ella eran solo pasatiempos de infancia, espejos de los juegos que había aprendido de sus primos mayores.

Durante años, Femmalu jugó con él, sin crueldad abierta, pero con esa frialdad inconsciente que solo tienen quienes no entienden el peso de su influencia. Prometía afecto con sus gestos y lo retiraba con indiferencia. Le hablaba de amor en las noches de estrellas, y lo ignoraba en los salones del palacio. Lo acercaba lo suficiente para que él soñara, pero no tanto como para que pudiera tocar esa promesa.

Y Kastos, con el corazón lleno de heridas y la esperanza temblorosa, no supo poner límite. Cada sonrisa era para él una declaración, cada roce accidental, una señal divina. Su amor por Femmalu no fue correspondido, pero tampoco negado, y esa ambigüedad fue su prisión más profunda.

En esa danza de ilusiones, se formó un hombre que luchaba por merecer un amor que nunca tuvo, que peleaba contra la sombra de un deseo no satisfecho, mientras su cuerpo crecía fuerte, su mirada se volvía más intensa... y su alma, más silenciosa.

Fuerza bruta

En su juventud, la fuerza de Kastos Kandar creció como un río desbordado, imposible de contener. Pero con esa fuerza vino también un resentimiento profundo hacia el Reino de las Tres Coronas y todo lo que ese palacio representaba: hipocresía, desprecio, exclusión. Kastos no veía allí un hogar, sino el escenario de su humillación. Sin madurez ni dirección, comenzó a desafiar abiertamente a la nobleza, alterando la paz, provocando conflictos y faltando al respeto a figuras de poder. Era un muchacho indomable, irresponsable, con la rabia como brújula.

En su furia encontró compañía: unió fuerzas con tres de sus primos, jóvenes de abolengo, pero de espíritu errante. Daniurs, hijo de Flecha, era ágil y letal, pero más bromista que estratega. Cagna, hijo de Melveo, heredó la astucia silenciosa de su padre, siempre al acecho, siempre midiendo ventajas. Y por último, Jama, el menor de los tres hijos de la princesa Alcima, era un salvaje disfrazado de cortesano, impulsivo e implacable. Juntos formaron una banda peligrosa: mercenarios de sangre noble, una amenaza disfrazada de nobleza.

Pero mientras sus primos vivían las aventuras como un juego —sabedores de que podían regresar a sus títulos, a sus tierras, a su futuro seguro—, Kastos no tenía a dónde volver. Para él, esas batallas eran reales, su única vía para construir un destino propio. No luchaba por oro, ni por poder: luchaba por significado.

En ocasiones, veía a su padre, Kastor Lontan Kandar, pero el guerrero de antaño ya no era el mismo. Había emprendido su propio renacer, una búsqueda interior para cambiar el corazón endurecido por la traición. Kastos lo extrañaba con una intensidad muda, pero no podía detenerse. Su rebeldía era también un clamor: deseaba convertirse en un guerrero digno de su padre, deseaba brillar por encima de todos los hijos perdidos de aquel hombre, deseaba ser la luz que su progenitor aún no podía mirar.

Con el paso del tiempo, la banda de Kastos Kandar se ganó un nombre en los rincones más oscuros del continente. No eran respetados por su honor, sino temidos por su eficacia brutal. Se decía que eran borrachos en la batalla, desorganizados en apariencia, pero tan letales como una tormenta en la noche. Sus ataques eran impredecibles, y cuando la muerte llegaba con ellos, no había campana que pudiera advertirlo.

A esta banda se unió, con extraña naturalidad, el hijo menor de Radhios, llamado por muchos El Christos, aunque en los campos de batalla lo apodaban el ángel pequeño. Su rostro era joven, su voz tranquila, pero su espada era tan astuta como su mente. Kastos lo vio de inmediato: allí había un aliado distinto, alguien que no luchaba por títulos ni oropel, sino por algo más profundo. Aunque el futuro traería traiciones desde ese mismo círculo, Kastos conservaría por siempre estima por El Christos, como quien recuerda una llama tibia en medio del hielo.

La batalla que los convirtió en leyenda ocurrió en las tierras conocidas como Los Prados Marrones, una región entregada por el Monarca de Occidente a las familias de la Guardia de las Ciudades del Reino. Sin embargo, los hijos de estos guardianes habían convertido la tierra en botín, cobrando a los pobladores impuestos inventados, jamás registrados ni aprobados por el trono.

La banda de Kastos marchó hacia esas tierras bajo el disfraz de diplomáticos errantes. Contrataron prostitutas de todos los rincones, encendieron fogatas, levantaron carpas, tocaron música y organizaron una fiesta que, al principio, parecía una puesta en escena para entretener al mismo infierno. El rumor de la celebración se esparció como fuego, y no pasó mucho hasta que los hijos de la guardia, confiados, acudieron a divertirse.

Y fue entonces, en medio de la embriaguez y los cuerpos desnudos, que la muerte cayó como un telón oscuro. La banda desató su furia. Despedazaron a los cobradores ilegítimos, con una precisión feroz. Para Kastos no era un juego, era justicia. Para los demás, solo otra noche de gloria envuelta en sangre.

El eco de la masacre llegó hasta las salas doradas del monarca de Occidente, pero fue el Reino de las Tres Coronas quien tejió la narrativa conveniente. Se declaró que no fue un acto de anarquía, sino una señal de que "con el monarca no se juega". Y así, lo que fue una ejecución brutal, quedó escrito como una lección de autoridad.

Batalla tras batalla, la banda seguía creciendo en fama y en sombra. Asaltaban, defendían, limpiaban territorios de bandidos, y también ejecutaban misiones más turbias, aquellas que la nobleza prefería no firmar. Su reputación se mezclaba con la pólvora y la sangre. Pero había una diferencia que marcaba a uno por encima de los demás.

Kastos Kandar no tenía casa que lo reclamara, ni linaje que lo protegiera. Era, como siempre, el príncipe sin título, y eso lo convertía en blanco perfecto. Sus camaradas —Daniurs, Cagna, Jama y hasta El Christos— tenían familias influyentes, apellidos que no podían ser manchados por el escándalo. Ellos podían cometer los mismos actos y salir ilesos, porque detrás de ellos había escudos, sellos y pactos. Kastos, en cambio, solo tenía su espada y su nombre... y ese nombre no valía nada en la corte.

Caída del mercenario noble

La reina Olivo Grueso, cansada de cubrir errores ajenos, terminó cediendo. Ya no estaba dispuesta a arriesgar la posición de sus hijas, nietos o sobrinas por defender a un bastardo de mirada noble y origen maldito. Necesitaban un culpable que calmara a los lores occidentales, que mantuviera la balanza diplomática estable. Y Kastos era perfecto: era visible, poderoso... y prescindible.

Con el paso del tiempo, sus propios camaradas empezaron a empujar su nombre al frente en cada hazaña, en cada escándalo, en cada informe oficial. Lo pintaban como el líder, el ejecutor, el responsable. Incluso cuando la misión era grupal, el relato se moldeaba para que solo Kastos brillara... para bien o para mal.

Así, cuanto más destacaba, más fácil era marcarlo como amenaza. Y en el reino donde los títulos valen más que la verdad, Kastos Kandar fue aislado, juzgado, y lentamente rechazado.

La madre de Kastos conocía bien la podredumbre que recorría su linaje. Aunque jamás su boca pronunció un solo adjetivo que describiera la vileza de sus parientes, en su alma ardía el peso de esas verdades. Sabía que detrás del espíritu rebelde de su hijo latía la sombra de los tránsfugas, sus sobrinos caídos en la deslealtad y la ambición.

Desde su exilio diplomático en las selvas del sur, donde la espesura era tan densa como los secretos que cargaba, encomendó a su sobrina lejana, Climaya, la tarea de escoltar a Kastos hacia el norte. Climaya no era una mujer común. Era una comandante de mirada firme, curtida por las guerras fronterizas y leal solo a la sangre. Junto a su ejército, sería la guardiana del heredero desviado.

El destino los conducía a las tierras de Kastor Lotan, antes un guerrero errante, ahora elevado a Señor de Tierras de Respeto. Kastor había sellado una alianza espiritual y política con la condesa Helena de Luz. Ella, silenciosa amante durante años, era una mujer marcada por caídas y renacimientos, cuya espiritualidad brotaba de cicatrices profundas. Fue ella quien elevó a Kastor con honores, tierras y títulos, reconociendo en él un nuevo líder: maduro, templado, iluminado.

Kastor amaba a su hijo Kastos, pero no podía aceptar su forma de vida. El vino, la tintura de opio y el deseo incontrolable por mujeres eran una afrenta al código que ahora regía su existencia. Aunque la condesa, estéril y esperanzada, veía en Kastos la respuesta a sus plegarias por un hijo, aceptó el veredicto de Kastor: Kastos viviría en las tierras, pero no recibiría los derechos de nobleza si no demostraba una vida honorable.

Para Kastos, aquello sería más que un reto: sería una guerra consigo mismo. Porque su naturaleza —libre, impetuosa, y marcada por una furia sin causa— chocaría de frente con la luz rígida de su padre.

Climaya

Climaya era nieta de Yiha, la sabia silenciosa cuya sombra aún marcaba a su estirpe. Estimaba profundamente a Oliva, la madre de Kastos, y al propio Kastos, a quien sentía como un hermano, un amigo... una luz a la que debía proteger incluso cuando esa luz era más humo que fuego. Desde joven había sido guardiana de los bienes de su padre y de su abuelo, a quien nunca conoció pero cuya figura era leyenda entre los suyos.

Descendía de una estirpe de señores dotados de gran ingenio científico y refinado arte militar. Su ejército, leal, disciplinado, la seguía con una devoción forjada en la sangre y el ejemplo. Había luchado junto a Kastos en más de una campaña; conocía su ímpetu, sus sombras, y también su bondad escondida. Ella era delgada, ágil como una pantera, y de una técnica impecable. Su calma en medio del caos la volvía una líder natural, y su temple era tan cortante como la hoja de su espada. La familia confiaba en ella como en ninguna otra, y era a ella a quien se le confiaban las verdades más peligrosas. Su madre, Janit, había contraído nupcias dos veces. A pesar de ello, Kastos nunca dejó de admirarla: no por un deseo indebido, sino por la nobleza con la que enfrentaba la vida y la fuerza que aún irradiaba su presencia. Era bella, sí, pero su atractivo residía en la dignidad que el tiempo no había conseguido doblegar.

Climaya, por respeto al amor que profesaba a su tío Kastor y por lealtad a su madre, nunca habló de lo evidente: que Kastos veía en Janit un modelo de entereza femenina, y que esa admiración genuina fortalecía, sin palabras, el lazo que lo unía a la casa de Climaya.

Para Kastos, ese vínculo no era un escándalo ni una pasión secreta, sino un pacto de honor silencioso. Un reflejo de la lealtad que había jurado, no con palabras, sino con acciones, a la sangre de Climaya.

Y fue por esos lazos invisibles, antiguos y poderosos, que Climaya se atrevió a adentrarse en los tugurios donde Kastos se ocultaba del mundo. Se sabía que, tras su caída en desgracia, había sucumbido al alcohol y a las hierbas de opio que lo mantenían prisionero de sí mismo. Nadie más se atrevía a buscarlo allí. Pero ella sí. Ella fue a su encuentro, movida por un deber que iba más allá del juicio o la compasión: un deber tejido con amor, honor y memoria.

La escolta

El olor a vino derramado y ceniza de tintura de opio aún flotaba en el aire cuando irrumpió la luz del día. Kastos dormitaba semidesnudo entre cortinas de lino, el cuerpo enredado con una cortesana dormida, y la mente en algún rincón lejano de sí mismo. El sonido de las botas de Climaya, firmes y secas sobre el mármol, lo devolvió al mundo real.
—Levántate —dijo ella sin esperar que abriera los ojos—. Partimos al alba.
Kastos soltó una carcajada ronca, sin moverse. —¿Partimos? ¿Quién ha dicho que quiero partir?
Climaya no respondió. Dejó caer un pliego sellado con el emblema de la Condesa Helena. Kastos lo tomó con desgano, rompiendo el sello con los dientes. Sus ojos, enrojecidos por la noche larga, recorrieron las palabras con lentitud. El mandato era claro: debía viajar al norte, al dominio de su padre, Kastor Lotan, y presentarse ante la corte. No como heredero, sino como huésped. Como aspirante.
—Entonces es cierto —dijo con una voz que traicionaba una sombra de miedo—. Mi padre quiere probarme.
—Quiere salvarte —corrigió Climaya, cruzando los brazos—. Aunque tú no lo merezcas.
Kastos se sentó, los pies colgando de la cama como un niño castigado. Observó a Climaya con mezcla de rabia y gratitud. Ella lo conocía demasiado. Sabía cómo era por dentro, y aún así, estaba allí. No por obediencia, sino por lealtad.

—¿Vendrás conmigo por voluntad o por deber? —preguntó él.

—Por ambos —respondió sin dudar—. Porque si no voy contigo, no llegarás vivo.

Kastos se levantó entonces, tambaleante pero digno. Se cubrió con una túnica oscura, el pelo revuelto como una bandera de guerra. Miró una vez más a Climaya y murmuró:

—Entonces empecemos el viaje. Pero que nadie espere un santo.

Climaya lo supo antes que él. En el fondo de su mente, en las grietas de su instinto militar, intuía que el camino hacia los dominios de Occidente no era más que un corredor de muerte. No por lo visible, sino por lo planeado. Sus primos, antiguos camaradas de Kastos, lo querían fuera del juego. No se atreverían a mancharse las manos, claro. La cobardía los vestía mejor que la armadura. Así que contrataron a los viejos enemigos de Kastos: jefes de casas de maleantes, antiguos traicionados, derrotados con cuentas pendientes. Hombres sin honor, pero con armas.

Los espías de Climaya apenas lograron dar aviso en la víspera, cuando el ejército mercenario se reunía en los valles marrones. No era una fuerza cualquiera. Eran hombres endurecidos por la sangre, no fáciles de romper. Climaya, con franqueza templada por la urgencia, se sentó frente a Kastos y le dijo con voz firme:

—Mi amor por ti es fraternal y verdadero. Moriría por ti sin pestañear. Pero no arriesgaré a los míos. Mis hombres están hechos para cuidar mi casa, no para caer en trampas por errores ajenos. Si vas, irás solo.

Kastos no respondió de inmediato. Le dolía el alma ante la idea de verla morir por él. Ese pensamiento lo quemaba más que cualquier herida. Así que tomó la decisión que lo marcaría para siempre: iría solo.

Antes del alba, se vistió con su armadura. No una nueva, sino la vieja, la que aún llevaba el barro seco de guerras pasadas. Consumió todo lo que guardaba: vino, opio, hierbas de visión. Quería entrar en la muerte con la furia viva. Montó a caballo y cabalgó solo, soltando maldiciones al viento, a los traidores, a los cobardes. Su voz era un relámpago maldito, y sus ojos, dos carbones encendidos por recuerdos. Cada rostro traicionero, cada mujer perdida, cada promesa rota se apilaban como leña para el fuego de su furia.

Y entonces, al llegar a los valles, los vio. Mercenarios. Decenas. Al verlo solo, sonrieron. Sería fácil, pensaron. "Hoy seré leyenda", murmuró uno. Pero no sabían lo que venía.

El primero que se atrevió, sintió la hoja de Kastos atravesarle el pecho antes de gritar. El segundo no pudo ni alzar el arma. Los siguientes intentaron rodearlo, pero la furia de Kastos era un vendaval. Los cuerpos caían y la tierra se teñía.

Y entonces, cuando parecía que lo sobrepasarían, aparecieron ellos: los Clérigos. Guerreros encapuchados, de armaduras oscuras con símbolos de fe y fuego, que descendieron de las colinas gritando antiguos juramentos. Atacaron a los mercenarios sin piedad, luchando a su lado como si siempre hubieran sido su ejército secreto.

Y tras ellos, llegaron más.

Soldados con estandartes que Kastos apenas reconocía, pero que llevaban el sello de su linaje. Parientes que jamás había tratado, familias pobres pero honorables, venían a luchar por él. No por títulos, sino por sangre. Por memoria. Por una causa que aún no entendían del todo, pero que sentían justa.

Lo más irónico fue ver entre los estandartes los símbolos de casas que había conocido en el lecho. Mujeres que alguna vez amó —aunque fuera por una noche—, habían enviado sus guardias privados, sus mejores hombres. No por política, sino por el eco de un perfume, por una risa compartida, por una pasión fugaz que aún ardía en sus cuerpos.

Kastos, sin saberlo, se había convertido en un faro. Un faro roto, tal vez, pero uno que aún iluminaba.

Climaya no pudo soportarlo. Su deber le había dicho que se quedara, que no arriesgara más de lo debido, pero su sangre le gritó otra cosa. Así que partió, acompañada solo de su escolta más íntima: siete jinetes silenciosos que compartían con ella no solo la espada, sino un juramento de vida.

Cuando llegó al valle, el silencio lo devoraba todo. Las aves carroñeras giraban en círculos. La tierra estaba manchada de muerte, y el viento olía a acero, a sudor seco, a memoria reciente.

Allí lo vio.

No a Kastos exactamente. Ya no era él, no del todo. Era una sombra erguida, solitaria, rodeada de cadáveres y armas rotas. Pero aún en medio de esa desolación, no había dejado de ser él. Su aura ardía en lo oscuro, inquebrantable, invocando el respeto de los vivos y el miedo de los muertos. En sus ojos todavía vivía ese fuego que ella había amado como a un hermano, como a un faro. Un gruñido, leve pero real, como el de un lobo cansado, emergía de su pecho. Estaba vivo... apenas.
Ella bajó del caballo y caminó hacia él. No dijo nada. No hacía falta. Kastos no se volvió, pero supo que era ella. Podía sentirla como se siente un hogar en mitad del desierto.
Un escuadrón apareció desde el flanco sur. Portaban estandartes que Climaya reconoció de inmediato: eran los hombres del segundo esposo de su madre, el Lord Ceryon de la Colina Alta, un hombre que Kastos había salvado años atrás en una emboscada sin nombre, en los días en que aún buscaba gloria.
Ese escuadrón no había sido llamado... había venido por deuda. Por un favor no olvidado. Y llegaron justo a tiempo para contener a los últimos rezagados que querían rematar la figura de Kastos. Sus espadas acabaron el trabajo que su furia no pudo completar.
La guardia del Lord se acercó a Climaya. Uno de los hombres, con el rostro todavía manchado por la ceniza del combate, le habló con respeto:
—Mi señora... luchó solo. Pero venció. No solo con la espada. También con el alma.

Esa noticia no tardó en alzarse con el viento, deslizándose entre montañas, valles y cortes como un susurro antiguo, teñido de leyenda. Cruzó fronteras invisibles hasta posarse, como un presagio dorado, en el corazón del Reino de las Tres Coronas.

Allí, en un jardín donde los árboles parecían recordar más de lo que florecían, y las fuentes callaban en su inmovilidad, una anciana aguardaba. Era la abuela de Kastos. Su figura, encorvada pero imponente, se confundía con las sombras largas de la tarde, como si el tiempo la hubiese aceptado ya como parte del paisaje.

El mensajero habló. Palabras de sangre, de combate, de supervivencia. Y aunque su relato era breve, bastó para que el eco de la hazaña llegara hasta las grietas más profundas de la vieja memoria.

La anciana no respondió de inmediato. Sus ojos, entrecerrados, parecían enfocar no al mensajero, sino a un recuerdo invisible. Solo cuando el silencio se hizo incómodo, alzó su copa de vino y brindó hacia la nada. Pero esta vez su voz rompió el aire con la fuerza de un latigazo.

—¡Ninguno de los míos podría resistir como lo hace ese bastardo! —escupió, con una mezcla de asombro, desprecio y un orgullo que la traicionaba.

La sonrisa que asomó después fue una mueca amarga, casi dolorosa, pero auténtica. No era afecto. Era la incómoda certeza de que, pese a todo, aquella sangre renegada era más fuerte que la suya.

Un brindis y hasta pronto...

La batalla había terminado, pero la muerte aún flotaba sobre la tierra como una bruma sagrada. Los cuerpos, enemigos y aliados, yacían mezclados bajo el mismo sol, y la sangre seca trazaba mapas de honor y pérdida en la tierra endurecida.

Los Escudos que habían luchado junto a Kastos, acamparon cerca del campo, no solo para rendir homenaje a sus caídos, sino también para lamer sus propias heridas, sanar a los vivos y brindar por los que no volverían.

Levantaron tiendas simples con mantas manchadas, encendieron hogueras con ramas secas y prepararon vino fuerte, como si el dolor solo pudiera ser entendido si era compartido a gritos, risas y canciones. Sanadores improvisados vendaban heridas bajo la luz de antorchas, y cada fogón tenía su propia historia de supervivencia.

En el corazón de ese campamento de luto y euforia, Kastos, aún cubierto de vendas, sangre seca y perfumes ajenos, bailaba como si el mundo fuera a acabar con el amanecer.

El campamento vibraba con vino, fuego y tambores. Las antorchas ardían como si anunciaran un carnaval para los muertos, y Kastos —cubierto de vendas, sangre seca y perfumes ajenos— bailaba como si el mundo fuera a acabar con el amanecer.

—¡Esta es mi última noche! —gritaba entre carcajadas—. Mañana llegaré donde mi padre... ¡y me vestiré de monje! ¡Me cortaré el pene! ¡Y con él bendeciré las puertas de su templo! Las carcajadas fueron salvajes. El vino manchaba los labios, los cuerpos se mezclaban entre sombras, y las melodías subían como espinas hacia el cielo.

Pero entonces se levantó el capitán de los Clérigos, un hombre de rostro demacrado por la fe y las guerras, de ojos grises que no se permitían una risa desde hacía años. Su armadura no brillaba, pero pesaba como un castigo.

Avanzó hasta el fuego, y con solo su presencia la música se deshizo. Las cuerdas del laúd enmudecieron. Hasta el vino pareció volverse amargo.

—Más respeto, Kastos. —Su voz era seca, sin odio pero sin concesiones—. La casa a la que te diriges no es un monasterio ni un burdel sagrado. Es la casa de tu padre. Y más aún, es el reino interior de mi señora, la condesa Helena.

Kastos sonrió, aún tambaleante, pero su mirada se volvió cautelosa.

—¿Vienes a juzgarme tú también?

El capitán lo ignoró.

—Ella será tu brújula y tu luz. No por castigo, sino por destino. Esta noche, celebra. Embriágate. Lame el oro del placer si quieres. Pero recuerda esto...

Se inclinó apenas, sus ojos como espadas:

—Cuando mi señora termine contigo, no saldrás igual. Saldrás muerto o como un señor inmaculado. No hay otra forma.

El silencio fue absoluto. Algunos se miraron entre sí, buscando en las palabras del clérigo una sentencia, otros un milagro.
Kastos levantó su copa, esta vez sin reír.
—Entonces brindo por el fin del bastardo... y el nacimiento de lo que venga después. Si es que algo puede nacer de mí.
Y bebió.
No por placer, sino por despedida.
El sol estaba en su punto más alto, y el campamento se había silenciado con la dignidad que solo el mediodía puede imponer. No había cantos, ni risas, ni vino. Solo una calma amarga flotando sobre los rostros de quienes sabían que algo terminaba.
Kastos, con su armadura ya liviana y su capa quemada por los bordes, caminó entre los suyos por última vez. Saludó con gestos simples. No era hombre de discursos. Su lengua, tan afilada como su espada, esta vez prefería la risa para no quebrarse.
—A ustedes —dijo entre sonrisas torcidas—, les debo más de lo que merezco. Me salvaron... y lo peor de todo: sin que yo lo pidiera. —Se giró hacia uno de los clérigos, uno que había perdido dos dedos por él—. Ahora que me salvaste, mi trasero te pertenece. Cuídalo. Pero no lo acaricies mucho.
Las risas se alzaron breves, incómodas, pero necesarias. Todos sabían que ese era el modo de Kastos de decir gracias. Nadie esperaba lágrimas. Nadie... excepto ella.
Climaya.

Ella se acercó sin armadura, vestida de gris, con el cabello recogido como en los días de entrenamiento. Firme. Hermosa. Leal hasta el último suspiro. Ella, que no lloraba ni en las muertes más injustas, que había enterrado hermanos y padres sin derramar una sola lágrima, lloró por él.
No hizo escándalo. No lo abrazó como una doncella. Solo le puso una mano en el pecho, como una espada envainada. Y cuando las lágrimas rodaron, Kastos bajó la mirada, sin saber si reír o romperse.
—No vuelvas como otro —le dijo Climaya, la voz rota, casi infantil—. Vuelve como tú… pero más limpio. Más vivo.
Kastos no respondió. No podía. Le tomó la mano y se la llevó a los labios. Besó sus dedos como se besa el umbral de una casa antes de marchar. Luego giró, con la capa ondeando como un adiós.
Montó su caballo, y sin mirar atrás, cabalgó hacia las Tierras de Respeto. Hacia su padre. Hacia Helena. Hacia el juicio de su alma.

Camino a la iluminación

El viento empujaba su figura hacia el horizonte, y por primera vez en años, no parecía huir... sino ir a su destino.

Kastos emprendió el camino hacia las tierras de su padre, Kastor Lontan, que ahora pertenecían a la condesa Helena, su esposa. Sin embargo, las tierras ya no eran de la condesa; ella, por amor, había entregado su estandarte y su dominio a su esposo. Después de la batalla, Kastos continuó su viaje, aunque el dolor de sus heridas lo hacía avanzar lentamente. A pesar de ello, el trayecto fue tranquilo, sin inconvenientes, sin tormentas ni calor abrasador.

Cuando finalmente llegó, divisó unas tierras donde la calma era palpable, un aire de paz se respiraba en cada rincón. Kastos dudó por un momento si aún seguía con vida, pues en el camino no había dejado de beber ni de consumir hierbas para mitigar el dolor. A su llegada, fue recibido por una guardia de clérigos, jóvenes pero de complexión fuerte. Con respeto, lo asignaron a una doncella llamada Esperanza y a una anciana encargada de velar por su salud.

Después de ser bañado, perfumado y sanado, Kastos fue finalmente llamado para ver a su padre y a la condesa. Ambos, aunque maduros y de carácter recio, no solían expresar fácilmente sus sentimientos. Sin embargo, su padre parecía un niño esperando a su hijo recién nacido, mientras que la condesa, a pesar de no tener ningún lazo sanguíneo con él, lo esperaba con la ansiedad de una madre que acaba de parir. Ambos sabían que Kastos era el cumplimiento de una promesa, un encargo del Creador. A pesar de su juventud, Kastos sería tratado como un niño que necesitaba ser nutrido, cuidado y guiado.

El príncipe sin título se reunió con su padre y su madrastra. Ella, sentada en un sillón de terciopelo, sonrió con una suavidad infinita, como si cada gesto suyo hubiera sido esculpido por manos divinas. Sus ojos verdes, brillantes como dos esmeraldas bajo la luz de un sol tenue, lo observaban sin prisa ni juicio. Su rostro, casi de porcelana, reflejaba la calma de alguien que había conocido el peso del mundo y había aprendido a cargarlo con serenidad.

Era una mujer madura, pero su belleza, más que marcada por los años, parecía renovarse constantemente, como una flor que nunca se marchita. El Creador le había otorgado la paz, la sabiduría y la voluntad férrea para no solo renacer a Kastor Lotan, su esposo, sino también para darle nueva vida a Kastos. Ella no veía al príncipe sin título como un hombre perdido, sino como una chispa esperando ser encendida. Su plan era claro: convertir a Kastos en la luz para sí mismo y para todo lo que lo rodeaba, un faro que iluminara la oscuridad del mundo con la pureza de su alma.

Mientras tanto, Kastor Lotan, su esposo y padre de Kastos, observaba con una mirada más dura, menos comprensiva. Su rostro era la imagen de la experiencia, de un hombre que había vivido en la guerra y entendido la crudeza de la vida. No había lugar para la luz en su mundo, solo para la realidad desnuda y brutal de un guerrero que sabe que la vida se gana con sangre y sacrificio.

Kastor no subestimaba las capacidades de su hijo, pero no veía en él al líder de mañana, sino a un hombre que debía ser forjado a la vieja usanza. Para él, la guerra no era solo lucha, sino una escuela de vida que te enseñaba a sobrevivir a través del dolor, el sufrimiento y la disciplina implacable. Los valores que él consideraba sagrados eran claros: en su casa, Kastos sería tratado como un noble, disfrutaría de techo, comida y comodidad. Pero en ese mismo hogar no habría cabida para el vino, el opio ni ninguna otra hierba que oscureciera la mente. Esas eran las reglas. Y él no cedería.

Kastos se encontraba atrapado entre dos mundos, dos visiones contradictorias que, a su manera, querían salvarlo, pero cada una a su modo. La madre de su alma lo quería transformar en algo puro, en algo elevado, mientras que su padre quería despojarlo de cualquier falso brillo y mostrarle la rudeza de la guerra, de la verdadera vida. Uno le ofrecía la luz, el otro le imponía la sombra.

Era un combate que no podía evitar. La luz de su madrastra brillaba en su alma como un faro distante, mientras que la sombra de su padre se cernía sobre él como una espada afilada, dispuesta a cortarle el alma en pedazos hasta que quedara moldeado en su visión de guerrero.

El tiempo, como un río que no se detiene, pasó con la quietud de un amanecer que nunca llega tarde. Poco a poco, los dos maestros de Kastos, su madre espiritual y su padre guerrero, se convirtieron en las dos luces que guiarían su camino. En ese equilibrio entre la calma de la sabiduría y la furia del combate, el joven príncipe sin título se forjaba.

Aquel que había sido un hombre desterrado de su propio linaje, que vivía sin un nombre real más que el de la sangre que lo cruzaba, comenzó a encontrar en su nueva vida algo más que comodidad. Lejos de la ansiedad de los viejos días, Kastos se veía rodeado de libros, mapas y escritos de sabios. Sus manos, antes tan hábiles con la espada, ahora recorrían con la misma destreza las palabras y las enseñanzas de filósofos olvidados. La disciplina que su padre le había impuesto no solo era física, sino también mental. La mente del príncipe se expandió, abriendo puertas que antes solo la guerra le había mostrado. La literatura, la ciencia, la filosofía: todo ello comenzó a hacerle cosquillas al alma de Kastos, quien, en sus momentos de soledad, se encontraba saboreando las palabras como se saborea un vino antiguo.

De hecho, si bien su espíritu buscaba el combate, su corazón empezó a sentir un leve interés por los caminos menos feroces de la vida. Entre libro y espada, el príncipe empezó a ver el mundo de manera diferente. Como un hombre erudito que también era guerrero, Kastos halló belleza en la paz que sus maestros le ofrecían. La sabia condesa, con su calma infinita, le dejaba caer en su interior pequeñas semillas de espiritualidad, semillas que, aunque aún no germinaban, esperaban pacientemente el momento exacto en que el corazón de Kastos estuviera preparado para recibirlas. Ella sabía que el Creador, cuando lo considerara adecuado, haría florecer esas semillas con la fuerza de un viento imparable.

Visitas con perfume

A pesar de la severidad de Kastor Lotan y la firme disciplina que regía la Casa del Norte, existían fisuras en el muro de hierro que rodeaba la voluntad del viejo señor. No eran permisos abiertos ni libertades declaradas, sino espacios ambiguos donde lo humano se volvía inevitable. Aquel que alguna vez fue niño entre ruinas, luego soldado entre sangre, y ahora príncipe sin corona, no podía ser encerrado del todo sin condenarlo al quebranto.

El padre lo sabía. Por eso, sin jamás reconocerlo en voz alta, le permitió a Kastos una grieta en el encierro: una casa discreta, sin escoltas, lejos de la nobleza y del juicio. Allí no llegaban los decretos ni las miradas. Solo el deseo.

Porque el hijo que regresó de las Tierras de Respeto aún cargaba sombras que ni la penitencia ni el acero lograban disipar. Y en su fuero íntimo, Kastor sabía que algunos demonios no se expulsan: se domestican. Así, Kastos vivía bajo una estricta vigilancia espiritual, pero con una indulgencia carnal que le era tácitamente concedida. Un exilio contenido. Un premio envenenado. Una válvula para que el alma no estallara.

Y fue allí, en ese refugio silenciado por el olvido, donde su vida volvió a teñirse de sombras.

A pesar de la calma que lo rodeaba, el príncipe conservaba hábitos que no se rendían. Deseos que nunca se apagaban del todo. Esa casa —pequeña, apartada, libre del juicio de la corte— era el espacio donde Kastos dejaba caer la máscara, y las mujeres que cruzaban su umbral lo sabían.

Y esas visitas, esas mujeres que llegaban con sonrisas cargadas de deseo. Ellas lo recordaban, lo deseaban como solo un hombre que ha vivido la guerra podría ser deseado. Traían consigo no solo vino de sus tierras lejanas, sino también la promesa de calor y placer, un refugio momentáneo de la frialdad que a veces se le imponía como parte de su destino. Kastos las recibía con una mezcla de gratitud y nostalgia, como si el roce de sus cuerpos fuera la única medicina capaz de calmar una herida que nunca acababa de sanar. La calidez de una mujer siempre había sido su adicción, un vicio que no podía evitar, por mucho que su alma comenzara a despertar hacia otros caminos.

En esos momentos de intimidad, el príncipe sin título era, quizás, más hombre que nunca: un guerrero marcado por el mundo, pero también un hombre sediento de la pasión humana, de esa cercanía que el combate nunca le había dado. En cada encuentro, en cada gesto fugaz, Kastos encontraba una paz efímera, un alivio a la tormenta interna que lo habitaba. Pero era solo eso: una calma momentánea. Las semillas que la condesa había plantado aún no germinaban, y Kastos seguía buscando respuestas en los brazos de mujeres que solo lo querían por lo que había sido, no por lo que podría llegar a ser.

Entre las visitas que cruzaban discretamente la casa de invitados, había mujeres que no llegaban solo por placer, sino por algo más profundo, más retorcido, más humano. Cada una de ellas dejaba en Kastos una marca diferente, un susurro en la piel que no se borraba con el paso del tiempo. No eran cortesanas ni buscadoras de favores; eran mujeres de linaje, de peso propio... y aun así, rendidas ante la sombra que Kastos proyectaba.

Estaba la princesa Arandaro, soltera por voluntad, difícil por naturaleza. Una mujer que el consejo real consideraba "indomable", y que precisamente por eso no podía resistirse a él. Bastaba con pensar en Kastos para que la cordura se le escapara como arena entre los dedos. Le escribía cartas perfumadas con esencia de almendra y tinta dorada, pidiendo permiso —con falsa cortesía— para encontrarse con él. No era amor, no del todo; era necesidad. Era guerra hecha deseo.

La condesa Lisa, en cambio, era otra historia. Una mujer que había sido novia más veces de las que podía contar, pero esposa de nadie. Su corazón estaba lleno de fracturas pequeñas, casi invisibles. Con Kastos encontraba algo que la hacía volver: un hombre que no la juzgaba. Nunca le preguntó por sus fracasos ni por sus pasados vestidos blancos. Solo la recibía con una copa tibia y el silencio perfecto. En él encontraba descanso, aunque fuera solo por una noche.

Dina, noble joven y ambiciosa, tenía sueños que iban más allá del lecho. Quería comprar el alma de Kastos con oro, con tierras, con promesas. Pero él, aunque rodeado de comodidades, nunca había sido codicioso. Solo deseaba su cuerpo, su calor, su risa cuando fingía no tener miedo. Dina insistía en ofrecerle joyas, pero Kastos solo aceptaba la desnudez. Y eso, en el fondo, la destruía más que cualquier rechazo.

Luego estaba Vinna, la guerrera. Una mujer alta, fuerte, con cuerpo de batalla y alma de vendaval. Su presencia llenaba una habitación como un trueno. Pero cuando estaba con Kastos, ella sentía algo distinto. Se dejaba guiar, mover, levantar como si fuera una hoja en manos de un viento sabio. Así lo creía, al menos. Porque Kastos nunca la trató como a una conquista, sino como a un espejo. En ella veía su propio agotamiento, y por eso la amaba… de un modo extraño, suave, fugaz.

Y como en toda historia que se enreda con lo divino, también apareció la sombra de una mujer que no debía estar allí. Desde el convento cercano, una monja joven —cuya fe aún temblaba— comenzó a visitar a Kastos en secreto. No por rebeldía, sino por algo que ni ella podía nombrar. El olor de Kastos, su voz, su tacto: todo en él la atraía con una fuerza casi litúrgica. Ella lloraba después de cada encuentro, se flagelaba en silencio, pidiendo perdón por una pasión que la partía en dos. Kastos, al verla así, una noche simplemente le prohibió volver. No por desprecio, sino por compasión. "No me odies por salvarte", le dijo mientras cerraba la puerta detrás de ella. Y nunca volvió a verla.

¿una desilusión más?

El refugio no duraría para siempre. Ni el deseo ni el silencio son eternos bajo el techo de un hombre como Kastor Lotan. Con el paso de los meses, los ecos de las visitas nocturnas de Kastos —y los rumores que de ellas se desprendían— comenzaron a filtrarse como agua entre las piedras. Y aunque el viejo señor nunca se dejó gobernar por chismes, sabía leer lo que se ocultaba tras ellos: su hijo seguía ardiendo por dentro. No bastaban la disciplina ni los rezos. Algo más debía hacerse. Algo más duro, más definitivo.
Por eso, una mañana sin ceremonia, lo mandó llamar.
Kastos entró al salón con la falsa expectativa de que aquel llamado sería su consagración. Había imaginado, en su mente aún joven, que finalmente sería titulado, provisto de un anillo, un sello, tierras con su nombre grabado en los mármoles. Se había preparado para una ovación contenida, una afirmación de que, por fin, ya no era un bastardo errante. Pero no fue así.
Ni Kastor ni Helena estaban enojados. No había rabia en sus ojos, sino algo peor: una firmeza amorosa, inquebrantable. El juicio no venía por sus fiestas secretas, ni por las visitas que olían a perfumes de medianoche. El problema no eran las mujeres ni el vino. No. El problema era que aún seguía creyendo que estaba destinado a heredar, cuando en realidad había sido llamado a crear.
"No has sido traído aquí para recibir un legado —dijo Helena, sin levantar la voz—. Has sido traído para construir el tuyo."

Las palabras golpearon más fuerte que cualquier espada. Kastos los miró, traicionado. Se le quebró el pecho como a un niño al que se le niega el abrazo después de una batalla. Su respuesta no fue noble. No fue heroica.

—¿Y a dónde se supone que debo ir? —preguntó con la voz llena de rabia contenida—. ¿Con qué me voy a sostener? ¡No tengo nada en mi bolsa!

Ni Kastor ni Helena se inmutaron. Lo amaban. Lo habían salvado. Pero sabían que su misión no era darle paz, sino templarlo hasta que su espíritu brillara como una estrella de guerra.

—Tienes siete lunas —dijo su padre—. Únete a una campaña. Busca una empresa. Forja tu causa. Pero no puedes quedarte aquí.

La sentencia cayó como un portón cerrado detrás de él. No había odio en ella, sino dirección. Un mapa sin detalles. Un empujón hacia el abismo.

Kastos salió sin hablar. Su capa, símbolo de un guerrero en redención, parecía ahora el peso de su fracaso. No tenía cartas de sus amantes. Nadie llamó a su puerta esa noche. Ni siquiera la taberna cercana le prestaría el consuelo del vino, porque no llevaba consigo ni una sola moneda. Lo habían despojado de todo... menos de sí mismo.

Y por primera vez, Kastos sintió miedo. No de morir. Sino de no saber qué hacer con la vida.

A vísperas de terminarse el plazo dado por su padre, Kastos Kandar recibió una carta con el sello de su madre, la princesa Oliva. La encontró en la repisa de piedra donde las palomas mensajeras a veces se posaban, envuelta en tela de lino con hilos de oro, como si cargara un destino mayor que el del pergamino común.

Con manos lentas y ojos encendidos por la mezcla de nervios y anhelo, rompió el sello. Leyó en voz baja, como si al hacerlo temiera alterar el curso de lo escrito.

Carta de Oliva, princesa del Sur, a su hijo Kastos:

Hijo mío,

Las selvas han hablado y mi deber en ellas ha concluido. Las reinas del sur —Olivo Grueso, Yiha y Dragon Gordo— han bendecido mi lealtad. Su gratitud no ha sido solo palabra, sino acto: por decreto, nos han devuelto lo perdido.

A ti, mi hijo, te han sido concedidos los feudos de Prados de la Paloma, en el norte del Reino Occidental. Tierras que fueron de los nuestros antes de la ruptura. Tierras donde aún florecen los lirios que tus abuelos sembraron. Después de años de distancias impuestas, de silencios forzados, al fin podremos encontrarnos no como sombras del pasado, sino como familia honrada nuevamente por la corona.

Ven, Kastos. Ven a reclamar lo tuyo. Ven a encontrarme, aunque el amor que nos une sea tenso y herido, porque igual que tú, yo no he sabido sacarte nunca del corazón.

Con amor eterno, Madre

Kastos leyó la carta tres veces. La primera con los ojos. La segunda con la respiración. La tercera con el corazón. Cuando terminó, se quedó quieto. El silencio a su alrededor pesaba como si la piedra misma lo escuchara. Sus dedos temblaban. No por miedo, sino por el eco de algo que no sabía si era esperanza o una nueva trampa del destino.

Miró hacia la casa donde había vivido desde niño. Su padre, severo pero justo. Su madrastra, distante por años, pero luego dulcificada por el tiempo. Comprendió entonces —y le dolió— que ese hogar, que tantas veces quiso abandonar, también lo había amado a su manera.

Al despedirse, vio los ojos de su madrastra llenarse de lágrimas. No lloraba por deber, ni por cortesía, sino porque el hijo que no había parido, pero sí amado, se marchaba.

Su padre, aunque oculto tras la costumbre de la firmeza, lo abrazó con la fuerza de los hombres que han amado callando toda la vida.

Kastos partió con el alma desgarrada entre dos mundos. Uno lo había criado. El otro lo llamaba con promesas de justicia y sangre. La sabiduría que había aprendido en aquella casa no se quedaba atrás. Se convertía en escudo invisible, en voz interna, en semilla de juicio.

Y aunque nadie lo oyó decirlo, mientras el caballo comenzaba el camino hacia el norte, su corazón murmuró:

"Así va a ser."

El camino fue largo, lleno de ayunos. Las provisiones eran escasas, el dinero aún más. El hijo del linaje dividido avanzaba sobre caminos de tierra seca, con un estómago vacío pero la cabeza llena de sueños prestados.

Sin embargo, la noticia de que Kastos Kandar regresaba a las tierras occidentales no tardó en volverse susurro entre nobles y cortesanos. Algunos recordaban el nombre con respeto, otros con miedo. Hubo quienes, por honor fingido o interés disfrazado, lo invitaron a banquetes y reuniones, celebrando su retorno como si jamás hubiera sido exiliado.

Y él, aún joven, aún un tonto dejado, aceptaba. Para simular finura, gastaba lo que no tenía. Se vestía con telas prestadas, hablaba con palabras que no le pertenecían, imitaba modales de salones que nunca habían sido suyos. Jugaba a ser noble no por sangre —pues la tenía— sino por apariencia, por esa absurda necesidad de validación entre quienes alguna vez lo despreciaron.

A medida que simulaba abundancia material, lastimosamente se apagaba en él una luz. Esa luz que lo había hecho distinto. Esa que provocaba en los pobres de espíritu una envidia tan profunda, tan irracional, que algunos habían deseado su ruina... o incluso su muerte.

No lo notó entonces. Estaba demasiado ocupado en parecer.

Pero su padre lo sabía. Su madrastra también. Ellos, al verlo partir, comprendieron que aún era un camino de mucho que aprender. Y como los buenos padres que aman sin cadenas, lo dejaron ir. Porque hay fuegos que sólo la vida apaga, y hay lecciones que sólo el hambre —de pan, de verdad, de identidad— puede enseñar.

Por fin, tras días de polvo, hambre y máscaras de nobleza, Kastos llegó al feudo prometido.

Desde la colina, vio la silueta del castillo recortada contra un cielo gris, y allí, a lo lejos, estaba su madre. Aún hermosa, aún erguida como una reina nacida para los tronos... pero con el corazón roto, visible en la forma en que sus manos temblaban al sostener su capa, en cómo sus ojos brillaban sin alegría.

Kastos creyó, por un instante ingenuo, que la dicha lo esperaba. Que la carta anunciaba un renacimiento. Pero no. No era así.

La carta, ahora lo entendía, había sido escrita por una mujer que se había ilusionado con las verdades ambiguas y las palabras suaves de las tres reinas del Sur. Aquellas que le prometieron honor y le entregaron ruina.

El castillo estaba en pie sólo de nombre: plagado de alimañas, con techos agrietados que dejaban entrar la lluvia como si el cielo llorara dentro.

Las tierras no eran campos, eran páramos. Llenas de maleza y abandono.

Los trabajadores eran pocos, y los que quedaban estaban enfermos, demacrados, con la piel pegada al hueso y la fe perdida en sus miradas.

Pero lo peor no era eso.

Lo peor era que el feudo no era una recompensa, ni una restitución. No había títulos grabados en plata ni coronas restituidas. Aquellas tierras les habían sido entregadas con condiciones perversas: debían ponerlas a producir, restaurarlas, y aún antes de ver una sola cosecha, pagar un tributo. Una carga absurda. Un castigo disfrazado de honor.

Kastos explotó. Lo que venía ardiendo desde los ayunos, los banquetes fingidos y las telas prestadas, salió en una ráfaga de palabras:
—¿¡Por qué!? ¿Por qué sigues devota a esas mujeres? ¡¿No te basta con lo que sufrimos!? ¿No fue suficiente lo que yo tuve que aguantar por sus traiciones? ¡¿Aún las sigues como si fueran dignas de tu sangre!?
Su madre, Oliva, lo miró en silencio.
Sus ojos estaban llenos de lágrimas, pero no se rompió. No gritó. No se defendió. Sólo esperó que él terminara. Y entonces habló. Su voz era baja, pero firme, como la lluvia que cae sin trueno y arrastra igual.
—Lo sé, hijo. Sé que lo que han hecho mi madre y mis hermanas es ruin y codicioso. Pero también sé lo que tú aún no ves: que no estamos aquí para pedir justicia. Estamos aquí para vencer sin manchar las manos. Para brillar. Tú eres mi venganza, Kastos. No con espadas. Con luz. Por eso acepté este trato. Para enseñarte a ser digno incluso cuando el mundo te quiera arrastrar. Para que cuando logres levantar estas tierras, y lo harás, ellos no puedan hacer otra cosa que cegarse con tu brillo.
Kastos no respondió. No podía. La rabia, la vergüenza, y un extraño respeto lo atravesaban como cuchillas cruzadas. Y por primera vez, miró a su madre no como víctima de un pasado cruel... sino como una mujer que había elegido perder con elegancia para que él aprendiera a ganar con honra.
Kastos empezó una vida para la que jamás tuvo preparación.

Lucios y el campesino

En aquel rincón olvidado del reino, con casas torcidas y campos resecos, castillo fracturado. Era una tierra erosionada por los años y las deudas. Kastos llegó con una espada que ya no quería empuñar, y una historia que pesaba más que su equipaje. Allí, entre muros agrietados y campos sin cosecha, decidió empezar de nuevo. No por fe ni por orgullo. Por hambre. Por dignidad. Porque no había otro lugar al que volver.
No hubo ceremonias, ni asistentes, ni pergaminos que lo guiaran. Solo herramientas, tareas, y silencio. Se convirtió en carpintero con manos torpes. Jardinero sin conocimiento de estaciones ni podas. Cada tarea que otro habría ordenado como noble, ahora la asumía con sus propias manos. Y cada acto, cada oficio, le era ajeno al principio. Pero no dormía hasta terminarlo.
Aprendió las artes de la cocina con campesinas que medían el sabor con la nariz. Aprendió a curar heridas y a reconocer plantas medicinales en los márgenes del campo. No tardó en ensuciarse las uñas, ni en rasgarse las ropas: lo hizo como quien arranca el último rastro de una vida antigua.
Se dio a la tarea de arrancarse el noble que quedaba. Y su madre, la princesa Oliva, lo miraba con asombro cada vez más silencioso. Veía en él a un hombre serio, lleno de deberes. Las mujeres, el vino y las pasiones vacías empezaron a desaparecer de su mirada. Ya no era el joven que buscaba brillo entre las sombras. Ahora sólo pensaba en las tareas del día siguiente.

Se convirtió en un granjero. Su espada, sus armas, su escudo... fueron guardados en un baúl de hierro, sellado como una tumba.

Y fue en esos días de tierra y cansancio que llegó a su vida un cachorro. Un perro de pelaje espeso, hocico descomunal y ojos como carbón caliente. Prometía ser una bestia, y lo fue. Lucios, lo llamó.

Lucios no solo le acompañaba. Era su sombra. Dormían juntos bajo el techo de madera cruda. Comían del mismo cuenco cuando el hambre era mucha. Se entendían sin palabras, se admiraban sin medida. Y si alguien se atrevía a acercarse a Kastos con intenciones torcidas, Lucios, con su furia contenida y mandíbula capaz de arrancar un brazo, se volvía un guardián letal.

Una tarde, mientras Kastos negociaba grano en el mercado local, un comerciante trató de engañarlo. Las palabras subieron de tono, el hombre atacó con intención vil.

Kastos no dudó. Aunque torpe en lo cotidiano, su cuerpo recordaba aún los antiguos movimientos. Con un giro y un puño firme, lo puso en el suelo. Pero eso no bastó.

Los hombres del mercado, alentados por el rencor y el deseo de someter a quien alguna vez fue noble, lo rodearon con piedras y garrotes. Fue entonces cuando Lucios mostró su verdadero rostro.

Con colmillos afilados y un bramido que heló la sangre, se lanzó junto a su amo. Hombre y bestia, a puño y colmillo limpio, defendieron lo que era suyo. Cuando terminó el caos, varios yacían en el polvo con moretones y sangre. Pero nadie más volvió a intentar someterlo.

Desde entonces, se supo en Prados de la Paloma: Lucios no era un simple animal. Era una criatura de respeto, y Kastos, un hombre al que ya nadie osaba llamar muchacho.

Sin embargo, a pesar de aquella vida tranquila y de manos ocupadas, la escasez era una sombra que nunca se alejaba del todo.

Las noches de Kastos eran agobiadas por el filo del tributo. Ese peso injusto que debía pagarse aún sin cosecha, aún sin abundancia. Se convertía en un monstruo sin forma que lo visitaba cada vez que cerraba los ojos.

Él trataba, por todos los medios, de que su madre no pasara necesidades. Se esforzaba en darle carne aunque él comiera caldo, abrigo aunque él durmiera con el lomo frío. Pero la verdad, silenciosa y cruel, era que el pan en la mesa a menudo se mantenía gracias a las joyas vendidas en secreto.

Oliva, con dignidad callada, entregaba lo último de su linaje a cambio de harina, leña y sal. Cada anillo que desaparecía de sus dedos era un acto de amor, y una confesión muda de que el sueño del feudo restaurado aún estaba lejos.

Fue entonces que algo empezó a germinar en Kastos. Una necesidad nueva, ajena a su juventud impetuosa y a su arrogancia pasada: la necesidad de rogar. De inclinar la frente cada mañana y pedir al Creador —ese que está en todo y en todos— que hubiera provisión.

No sólo para él, sino para los trabajadores, los enfermos, el perro fiel, y esa madre que no dejaba de sostenerlo aún en la pobreza.

Este acercamiento a Dios no fue casualidad.

Era una semilla antigua. Había sido alojada en él muchos años atrás, sin que él lo supiera, por la condesa Helena —su madrastra—. Una mujer que, en silencio y sin discursos, había sembrado en su alma palabras que ahora, entre tierra y tributo, empezaban a brotar.

Ese Dios al que Helena hablaba en voz baja junto al fuego. Ese Dios que ella nunca usó como castigo, sino como consuelo. Ahora empezaba a hablarle también a él, no con truenos ni visiones, sino en la constancia de sus manos y en el amor que aún podía dar sin tener casi nada.

Kastos no se hizo piadoso de golpe. No se volvió sacerdote ni monje. Pero empezó a orar. Empezó a agradecer cuando llovía. A callar cuando sentía rabia. A ver en la tierra no sólo barro, sino bendición.

Y fue así como, en medio del barro, del hambre, de un castillo con goteras, comenzó a levantarse no sólo un feudo... sino un hombre completo.

Una carta desde Vireya

En medio de su rutina de campo, granero y oración, Kastos recibió una notificación que no pudo ignorar. Debía viajar a una ciudad del Reino Occidental. Allí lo esperaban trámites antiguos, restos de su infancia dorada: títulos temporales, otorgados cuando aún era considerado heredero, debían ser entregados oficialmente.

Legalmente, podía hacerlo por carta, por sello y mensajero. Pero sus parientes, y en especial esos primos que lo traicionaron con sonrisas y palabras envenenadas, habían maniobrado para exigir su presencia. Querían regodearse. Querían ver, con sus propios ojos, en qué se había convertido el que alguna vez fue su amenaza.

Querían ver un criado, un mendigo, un hombre derrotado.

La orden real era clara: Kastos no podía transitar armado por el reino. Pero nadie, absolutamente nadie, había dicho nada sobre Lucios.

Al llegar a la ciudad, Kastos respiró hondo. El aire era distinto: pesado, perfumado de hipocresía y piedra vieja. Se hospedó en una pensión humilde, pero limpia, con un patio de jazmines secos y agua de pozo. Durmió profundamente esa noche.

A la mañana siguiente, se vistió con un traje sencillo. Sin adornos, sin bordados, sin color. Pero la tela limpia, el corte sobrio y la postura de su cuerpo —trabajado, templado, firme— hacían que aquel atuendo, paradójicamente, lo hiciera ver más noble que cualquier túnica de seda.

Era el porte. Era la luz que nace en el que ha tocado fondo y ha decidido no quedarse allí.

Lucios no lo acompañó al despacho. Se quedó fuera, observando como una sombra con colmillos.

Al llegar al lugar, el salón ya estaba lleno. Los primos estaban allí, con sus sonrisas preparadas y sus carcajadas listas para el momento de la humillación.

Pero apenas lo vieron, el aire cambió. Kastos no era el muchacho tembloroso que recordaban.

No era el adolescente envuelto en joyas ajenas. Tampoco era el noble vencido que soñaban encontrar.

Era un hombre entero. De mirada firme, manos curtidas, y un silencio que gritaba más que mil palabras.

Y entonces, en un segundo de juego, hizo un simple gesto. Un amague. Una finta, como si fuera a levantar el brazo para golpearlos.

Y ellos —tan llenos de títulos y cobardía— dieron un salto hacia atrás, temblorosos, como ratas sorprendidas por una luz. Kastos no dijo una palabra. No fue necesario.

El momento que ellos habían preparado durante años se convirtió en su vergüenza.

No hubo humillación para Kastos. Solo rabia para quienes no podían soportar que, a pesar de todo, él brillaba.

Firmó los documentos con la serenidad de quien ya no tiene nada que demostrar. Y cuando salió del despacho, Lucios ya lo esperaba. Juntos se alejaron, con la cabeza alta, dejando tras ellos el eco de un fracaso que no era suyo.

Al salir del ayuntamiento, Kastos caminó en silencio por las calles de la ciudad. No sentía victoria, ni alivio, ni orgullo. Solo una quietud extraña, como quien regresa de un entierro. El deber estaba cumplido. Nada más.

Al llegar a la posada, ajustó cuentas con el dueño. Quiso saber si, tras los gastos previstos, le quedaría algo suficiente como para darse un respiro. No era mucho, pero lo justo para dos días más de hospedaje, sin lujos, y una pequeña indulgencia.

"Quizás esto pueda parecer una suerte de vacaciones", pensó, con media sonrisa.

Con el dinero contado, pero resuelto, compró dos pintas de cerveza oscura y dos filetes calientes recién pasados por la plancha. Uno era para Lucios, su compañero inseparable. El otro lo acompañó con un par de huevos fritos y pan aún tibio.

Se sentaron juntos en el pequeño comedor de la posada, frente a la ventana por donde entraba la brisa de las montañas.

Le pesaba el corazón. Porque sabía que los suyos, allá en el feudo, difícilmente probarían algo así en semanas. Pero le habló a Lucios, como quien busca convencerse:
—"Démonos este lujo... ya lo que sigue es trabajo."

Lucios lo miró con esos ojos intensos que siempre parecían entenderlo todo. Comieron en silencio. Uno como hombre, el otro como bestia, pero ambos como hermanos.

Kastos sabía que el renacimiento de esas tierras prometidas aún era un horizonte lejano. El tributo impuesto por las tres reinas era bestial, como una mordida constante sobre su esfuerzo. Sabía que lo que tenían entre manos no era una herencia, sino una condena disfrazada de oportunidad.

Y aun así, en medio de todo, ese instante de pan, carne y paz... fue un lujo. Fue un regalo. Fue suficiente.

Climaya se enteró de la presencia de Kastos en la ciudad dos días después de su llegada. No por rumores de taberna, ni por un aviso oficial, sino por una nota breve, casi descuidada, que un joven mozo dejó en la mesa del cuartel: "El lobo ha entrado a la ciudad. Sin manada, sin aullido. Pero sus ojos aún recuerdan la noche."

Supo de inmediato que era él. Nadie más podía inspirar esas palabras. Nadie más podía provocar ese tipo de silencios en Vireya.

La ciudad, aunque oficialmente neutral, olía a cuchillos envainados y pactos envenenados. Vireya no era sólo la sede del Alto Consejo de Noblezas Subordinadas: era un teatro de lo simbólico, una caja fuerte de la memoria política del reino. Las calles estaban trazadas con precisión milimétrica, como si quisieran recordar a todos que el orden no era una opción, sino una imposición. Las torres, de piedra negra coronada con cobre oxidado, se alzaban como testigos severos de generaciones de pleitesía y traición.

Las plazas olían a tinta, incienso y sudor diplomático. Por sus calles paseaban nobles menores disfrazados de importancia, heraldos que gritaban anuncios ya conocidos, y escribas manchados de sellos reales. Era común ver caravanas de casas antiguas llegando con mapas, códices y cajas de documentos, como si la historia pesara más que la sangre.

Pero más allá de sus salones y archivos, Vireya tenía un alma áspera. Era una ciudad de espera, de juicio lento. No se acudía allí por voluntad, sino por orden. Y nunca se salía de ella igual.

Climaya conocía ese ambiente. Lo despreciaba. Y por eso le preocupaba tanto que Kastos estuviera allí. Porque sabía que no había llegado como emisario... sino como advertencia.

Sin embargo, Climaya fue a saludarlo sin guardia visible. No como generala ni como noble, sino como hermana. Como alguien que compartía con él no solo una infancia, sino un alma dividida en dos cuerpos. Solo quería verlo. Tocarlo. Asegurarse de que todavía estaba entero.

Pero sus guardias más leales no obedecían todas las órdenes. Y menos una tan peligrosa como dejarla sola en una ciudad como Vireya. Aun cuando se ocultaban entre las sombras, sabían que ningún acero brillaba tan cerca de Climaya como el de Andru Kazu. Caballero de las islas lejanas del oeste, Andru era un hombre de rostro severo y palabras escasas, pero de una ternura que se revelaba solo ante ella. En silencio, habían prometido compartir el futuro. Aún no era un anuncio oficial, pero el compromiso se tejía con gestos, no con palabras.

Climaya llegó a la posada donde Kastos se alojaba. No esperaba encontrar un salón lujoso, pero tampoco imaginaba ver a su primo —el lobo callado del norte— bebiendo en soledad... o casi. Junto a él, sentado como si fuera un viejo camarada, había un perro enorme. Un animal tan vasto que, por un instante, Climaya pensó que se trataba de un oso domesticado. El otro hombre en la mesa era fornido, con el aire salvaje de quien ha cruzado muchas fronteras sin pedir permiso. Hablaba solo o, más precisamente, parecía hablar con el perro, al que llamaban Lucios.

—¿Ni una carta, Kastos? —le dijo ella desde la entrada, cruzando los brazos con fingida indignación—. ¿Así tratas a tu hermana? ¿Como a una de esas mujeres a las que les compartes el lecho y luego olvidas?

Kastos alzó la mirada y la reconoció al instante. La sonrisa fue inmediata, como una grieta en la coraza. Se pusieron de pie al mismo tiempo, y el abrazo fue largo, de los que borran distancias y perdones no dichos.

Pidió dos pintas más.

—Para mi hermana. Para mi sangre —dijo, levantando la jarra en alto.

—Hermanita noble, si me permites —replicó ella con una sonrisa traviesa, tomando asiento frente a él—. Recuerda que aquí la que tiene títulos soy yo.

Y, como solía hacer desde niños, se encargó de los gastos. A su manera, le recordó que era ella quien había financiado los lujos modestos de su estancia en Vireya. Kastos alzó la vista al cielo abovedado de la posada, entre risas.

—Gracias, Creador —murmuró teatralmente—. Mi feudo no verá ni una moneda gastada. Ese tesoro volverá intacto a la pobreza.

Rieron como antes, sin las sombras de las campañas ni los deberes de sus linajes. Hablaron de cosas triviales y profundas, de lo que se gana y lo que se deja atrás. Y, en medio de las copas, ella sintió la confianza de contarle lo que hasta ahora había mantenido reservado: su compromiso con Andru Kazu.

Kastos la escuchó en silencio, luego la miró con un brillo cálido en los ojos. Asintió. No dijo mucho, pero lo que dijo bastó. Sabía que si alguien merecía a Climaya, debía ser un hombre fuerte... y tierno. Como ella.

Pero la noche, que hasta entonces parecía escrita por la nostalgia, les tenía una sorpresa reservada.

Una noche en Vireya

Mientras Kastos y Climaya compartían historias y brindaban entre risas en la posada, Andru Kazu se unía discretamente a la mesa. Su presencia era serena, casi silenciosa, pero firme como una torre de piedra. Las pintas se acumulaban y el ambiente era cálido, casi irreal. En ese mismo momento, lejos del bullicio popular, en la zona más exclusiva de la ciudad, una tragedia sacudía la estructura del linaje real: Radhios, el príncipe sabio, el más viejo de los hijos del rey Marco, caía muerto por un repentino ataque al corazón.

El suceso no habría trascendido como algo más que una pérdida noble, si no fuera por Christos, su hijo menor, quien —con el alma encendida por la imprudencia o tal vez por el resentimiento— anunció la muerte de su padre en medio de la noche, sin esperar protocolo ni ceremonia. Lo gritó en los pasillos del salón de piedra, en la Casa Alta de los Nueve, con voz rota y puños apretados, como si el reino entero debiera saberlo al instante. No hubo discreción, no hubo aviso privado. Solo una voz descarnada que trajo la noticia como una flecha al pecho de la familia.

Aquello bastó para desatar el pánico. Tilda, la tía conocida como el Dragón Gordo, no tardó en interpretar el evento como una señal oscura. Su mente, ya inclinada al poder y a la paranoia, se sumió en una furia silenciosa. Convencida de que los linajes menores comenzarían a mover sus piezas, y con la creencia irracional de que su castidad ancestral la protegía de la muerte misma, dio inicio a una purga sigilosa. Mandó emisarios sin estandarte, firmó contratos con nombres falsos, y puso precios a cabezas de primos, medio hermanos, y sobrinos lejanos. Para cuando el amanecer llegó, ya había sangre en los callejones, y algunos nombres antiguos comenzaban a desaparecer de los registros.

Su poder se sostenía, en parte, porque era la favorita y protegida de su hermano Javnep, el arquitecto del reino. Él, cegado por la devoción fraternal, no veía o no quería ver los movimientos codiciosos que su hermana orquestaba desde las sombras. O tal vez sí lo veía, y simplemente lo permitía. Al fin y al cabo, el equilibrio de la ciudad se sostenía en acuerdos tácitos y silencios bien pagados.

A esa hora, el reino de las Tres Coronas ya no era gobernado por el rey ni por la vieja reina Olivo Grueso. Yiha, la hermana mayor y consejera en otros tiempos, se había retirado a la contemplación, y la abuela de Kastos apenas conservaba una sombra de influencia. Era el Dragón Gordo quien hablaba ahora por ellas ante el monarca de Occidente. Su palabra dictaba destinos, su firma sellaba condenas.

Y mientras tanto, en una modesta posada de la ciudad baja, Kastos reía, ignorante aún del nuevo caos que se tejía con hilos invisibles sobre su sangre.

La escolta íntima de Climaya fue alertada en mitad de la noche: un hombre se dirigía hacia la posada con intenciones asesinas. No era cualquiera. Se trataba de Borgo el Gigante, acompañado de sus hermanos, hombres crueles, mercenarios despiadados de los que se decía que practicaban el canibalismo. Habían tomado un contrato anónimo. Su objetivo era claro: matar a Kastos Kandar.

Kastos no reclamaba título alguno relacionado con la casa de su difunto tío Radhios. No representaba una amenaza directa para el equilibrio político. Pero los asesinos ya habían sido pagados, y a Borgo no le importaban los matices del linaje ni las motivaciones. Un contrato era un contrato.

Climaya, siempre atenta, tomó el control inmediato. Andru Kazu ya estaba listo, con su lanza y su mirada firme. La tensión era densa en el aire.

—¿Y tu espada? —le preguntó Climaya a Kastos, casi como un reproche desesperado.

—No puedo portar armas —respondió él con calma—. El Reino de Occidente y el Reino de las Tres Coronas me lo han prohibido. Pero tengo a Lucios… y mis manos.

Climaya palideció. —¿Sabes quién es Borgo? ¡Nos va a matar!

—No te preocupes —dijo Kastos, con esa paz suya que rayaba en la terquedad—. Si es la hora… es la hora. Y añadió, señalando al interior de la posada: —Salgamos. El administrador y su familia no deben pagar por esto.

Así lo hicieron. Salieron a la calle angosta, bajo la luna quebrada. A los pocos pasos, los esperaban siete caballeros, leales a Climaya. Pero eran cuarenta los asesinos.

Los cómplices de Borgo fueron los primeros en atacar. Kastos miró a su perro y susurró:

—En sombra, Lucios. El perro, tan grande como un ternero, desapareció entre las sombras, sin ruido.

Entonces estalló la batalla. Fue brutal. Kastos se lanzó directo hacia Borgo. Sabía que si el gigante caía, el resto se desmoronaría. Vio cómo Andru y otro guardia eran derribados como muñecos de trapo. Y pensó: "Aquí moriré. Qué asco... en una calle llena de orina."

Pero no era cualquier hombre. Había sido formado en pabellón, en arena y batalla. No era noble, pero sí guerrero. Encaró a Borgo, fue por sus piernas, lo derribó. Sintió la fuerza arrolladora de su cuerpo al chocar con el suelo. Pero Borgo no era menos. Se levantó con furia, lo golpeó con violencia, y justo cuando levantaba su espada para matarlo... Lucios apareció. Un torbellino de colmillos y músculo, saltó directo al cuello del gigante. Aun así, Borgo resistió. Su cuello era grueso como el de un toro.

La distracción fue todo lo que Kastos necesitaba. Aún con la daga sin desenvainar, le clavó la hoja en los ojos. El grito de Borgo fue animal, terrible. Y entonces, con la furia de su linaje y la determinación de un hombre solo, le abrió la garganta hasta decapitarlo. Un chorro de sangre cayó como lluvia negra sobre las piedras.

Los asesinos huyeron. El resto, paralizado de horror, dejó sus armas.

Climaya lo miró con mezcla de miedo, orgullo y resignación. Sabía que Kastos no conocía término medio. No importaba si era un campesino sin nombre o un príncipe sin título. En batalla, era un fuego antiguo.

La noche terminó con heridas y lágrimas, pero con vida. Kastos, ya más sobrio, organizó discretamente el viaje de su madre para asistir al funeral de su hermano Radhios. Él no tendría entrada. Su nombre no estaba en las listas, su sangre no contaba.

Una carga menos, dirían en la Casa Alta.

Pero esa noche no se olvidaría. Y el misterio de quién dio la orden —aquel contrato anónimo— sería un eco que perseguiría a Kastos por años. Solo mucho tiempo después, cuando las máscaras cayeran y las traiciones hablaran por sí solas, se sabría la verdad.

Kastos emprendió el camino antes del amanecer, cuando la ciudad aún dormía envuelta en los últimos suspiros de la noche. Su bolsa, ahora llena gracias a la generosidad de Climaya, pesaba más por la responsabilidad que por el oro. No hubo despedidas ruidosas. Solo una mirada firme entre él y su prima, y un gesto silencioso de agradecimiento.

Su destino era el feudo que deseaba reclamar, una tierra aún ajena, donde su apellido no era más que un eco antiguo. No tenía aún títulos, ni reconocimiento legal. Solo la esperanza, y una urgencia clara: reunir lo suficiente para pagar el tributo que lo haría legítimo ante los ojos del reino.

Pero antes, debía tomar un desvío. Se dirigió a las montañas de Occidente, donde aún trabajaban los herreros de los clanes del yunque, célebres por su maestría en metales que desafiaban la herrumbre del tiempo. Kastos llevaba consigo una reliquia: la manopla izquierda de su padre, Kastos Lontan Kandar, gastada y mellada por antiguas batallas. No podía blandirla, pero tampoco deseaba verla oxidarse en el olvido. Quería que la repararan, para recordarle de qué sangre venía.

También necesitaba herramientas: clavos, un yunque menor, una pala buena, alguna pieza de forja. Con eso, podría levantar algo en esas tierras vacías, trabajar la madera, sembrar, criar. Y así, reunir el tributo que lo mantendría con un pie dentro de la estructura feudal, aunque fuera al margen.

Caminó con Lucios a su lado, por senderos viejos entre riscos escarpados, bebiendo agua clara y durmiendo bajo los sauces. Nadie lo reconocía, y él no daba razones para que lo hicieran.

Lo que no sabía era que esas montañas, duras y poco hospitalarias, le ofrecerían sin buscarlo sus primeras bendiciones. No bajo forma de gloria ni de grandeza, sino de algo mucho más valioso para quien camina con el alma herida: trabajo, alianza, y una tenue pero firme oportunidad. Porque aún sin títulos ni tierra, a veces basta con una chispa para comenzar a forjar un destino.

La orquesta de codicia

Mientras Kastos cruzaba las montañas en busca de herramientas y herreros, lejos del murmullo de los caminos y el silbido del viento en las ramas, una historia más antigua —y quizás más trágica— seguía desarrollándose sin descanso entre los muros de piedra del Reino de las Tres Coronas. Era la historia de una familia que, como tantas otras, había confundido el poder con la eternidad.
Radhios, el mayor de los príncipes nacidos de Marco y Olivo Grueso, había sido durante años el arquitecto de la administración económica del reino. Su mente afilada y su dominio sobre los bienes de la corona lo hicieron indispensable en los tiempos del rey Marco, incluso después de su abdicación. Nadie conocía mejor la red de tributos, préstamos, trueques y bienes que mantenía al reino a flote que él. Pero ese poder también sembró desconfianza. Radhios no era querido, solo necesario.
De su sangre nacieron tres hijos, y entre ellos, el más conocido era Christos: impulsivo, poco dado al protocolo, valiente en su juventud pero ciego ante los hilos del poder. Fue él quien anunció la muerte de su padre sin cuidado por la forma ni por el momento, en medio de la noche, haciendo temblar los cimientos de una familia ya agrietada. Su error no fue solo político, sino también estratégico: puso en marcha una cadena de eventos que había sido contenida por años.

La noticia cayó como un trueno sobre las otras ramas de la familia. Y entre ellas, Alcima —la "bella"— recibió el golpe con la cara ya cansada de años duros. A pesar de su apodo, nunca se la valoró por su belleza, sino por su voluntad férrea y su capacidad de adaptarse. Se había casado con un rey del sur, brutal y dominante, en lo que muchos decían fue una alianza forzada disfrazada de matrimonio. Con Radhios muerto, su situación cambió drásticamente.

El esposo de Alcima no tardó en actuar. Sabía que parte de los bienes administrados por Radhios habían sido pasados en vida a su hermana, tanto en forma de títulos como de posesiones ocultas. Alcima poseía terrenos, contratos de producción minera, y escrituras de casas en la ciudad alta, todo legado de su hermano mayor, quien siempre había sentido por ella un afecto especial. Pero no había testamento claro ni defensor presente. Y en el juego de poder del reino, eso significaba una sola cosa: presa fácil.

En una noche sin luna, el marido de Alcima, borracho de ambición más que de vino, la mató a golpes en su propio cuarto. Fue una muerte silenciosa, sin juicio ni castigo inmediato. Se dijo que había sido una "muerte por desesperanza", y se cerró el caso en un abrir y cerrar de ojos. Los bienes pasaron a manos del hombre con una rapidez que solo se explicaba por contactos en la corte y favores en la sombra.

Lo que pocos sabían es que entre los cofres de Alcima había cartas y documentos que Radhios le había dejado. No eran solo inventarios: eran claves para entender cómo funcionaba el corazón económico del reino. Y eso las convertía en más valiosas que cualquier joya o moneda. Muchas de esas escrituras desaparecieron la misma noche de su muerte. Otras, sin embargo, fueron ocultadas por una de sus criadas, una mujer silenciosa y fiel, que más adelante jugaría un papel inesperado en los caminos de Kastos.

Así, la familia de Radhios, que en vida había administrado riquezas con precisión casi divina, se fragmentó en la oscuridad de la codicia. Y el eco de esa muerte —como muchas otras en el Reino de las Tres Coronas— aún no había dicho su última palabra.

La Montaña

Kastos continuaba su travesía hacia las montañas del oeste, donde los herreros diestros eran tenidos en alta estima por el Reino Occidental y las monarquías subordinadas. Aquellos hombres del fuego y el yunque no solo forjaban armas para la guerra, sino también herramientas indispensables para el cultivo y la construcción. Sin ellos, la estructura entera del reino se desmoronaría.

En aquellas tierras montañosas no existían los nobles como tales. Allí, el poder no se heredaba por sangre sino por maestría. Los líderes eran llamados cabezas de forja, y llevaban anillos de autoridad tallados en hierro ancestral, un símbolo de dominio y respeto ganado con sudor, no con títulos.

Sin embargo, entre los rumores que cruzaban las fronteras como viento entre riscos, se decía que los Señores Carpinteros —una casta reservada para los maestros constructores— descendían en secreto de la casa real. Antiguos príncipes olvidados, apartados de la línea sucesoria no por error, sino por codicia. Una historia repetida demasiadas veces en el Reino Occidental, donde las intrigas palaciegas solían pesar más que la verdad o el mérito.

Kastos no buscaba solo el metal, sino también la verdad. Y en aquellas cumbres endurecidas por la nieve y el fuego, tal vez hallaría ambas.

Por fin, tras días de marcha entre riscos escarpados y vientos gélidos, Kastos y su fiel perro Lucios alcanzaron las montañas. En cuanto llegó, encargó a los herreros los trabajos que había planeado: espadas, herramientas, piezas de refuerzo para las estructuras de su feudo. Pagó con oro y respeto, como mandaba la tradición en aquellas tierras de manos curtidas y palabras sobrias. Luego buscó hospedaje modesto, digno y limpio.

Al día siguiente salió a abastecerse de víveres para el regreso, con la intención de partir cuanto antes. Pero el destino, como tantas veces en su vida, tenía otros planes.

Y entonces la vio.

Estaba de pie junto a una mesa de pergaminos, en el pequeño centro de registros del poblado. Tenía los ojos grandes como espejos de agua profunda, la piel tersa como la nieve recién caída, y una figura que parecía tallada con el mismo esmero con el que los carpinteros de su linaje forjaban las vigas del reino. Su rostro era redondo y sereno, enmarcado por un cabello oscuro que caía como cascada. Toda ella irradiaba belleza, pero también algo más... algo que desarmaba.

Era Baithiara, hija de Nieve y Jois, los venerados Maestros Carpinteros. Ella no solo portaba la herencia de la madera y el fuego, sino también la pluma. Era la escribana de la zona: guardiana de los títulos de propiedad, las transacciones de valor y las decisiones legales del valle. Inteligente, astuta, meticulosa, era respetada por su mente tanto como por su estampa.

Kastos sintió un estremecimiento que no comprendía. No era deseo, no solamente. Era fuego en el pecho, una claridad que nacía sin previo aviso. No sabía si eran sus ojos, su voz, su presencia... pero en ese instante lo supo: ella era la que era.

Kastos, cuya fuerza era conocida en los campos de batalla y cuya voluntad había resistido tormentas del cuerpo y del alma, se sintió completamente desarmado frente a ella. No por miedo, sino por una fuerza distinta, más sutil y peligrosa: el asombro.

Respiró hondo. Lucios, a su lado, pareció notarlo también. Kastos reunió el valor que solo los verdaderamente valientes conocen —ese que no se usa para empuñar una espada, sino para abrir el corazón— y se acercó.

—Buenos días —dijo, con una voz más suave de la que usaba frente a reyes o enemigos.

Baithiara alzó la mirada. Sus ojos grandes lo atravesaron como si lo conocieran de antes, como si hubiesen estado esperándolo. En un solo segundo, lo desnudaron sin tocarlo, le vieron el alma rota y aún así no apartaron la vista.

Ella también sintió algo. Lo supo Kastos, lo supo Lucios, lo supo incluso el viento que soplaba entre los puestos del mercado. Pero Baithiara no era una mujer cualquiera. Era hija del linaje carpintero, sangre noble negada, y tenía en sus manos el pulso administrativo de la región. Se sabía valiosa. Y no se entregaba con facilidad.

Además, estaba comprometida.

Su prometido, Cantor, era un emisario menor de la Corona. Un embajador de rango discreto, pero con influencia suficiente como para ganarse un lugar en el juego de alianzas. No era un hombre malvado, pero tampoco era digno de ella. Su unión era más un pacto de conveniencia que un amor verdadero.

Kastos lo supo al instante. No por palabras, sino por esa intuición que florece solo cuando el alma encuentra su reflejo.

Y así, entre trámites y silencios, comenzó la grieta. No en el suelo, sino en el destino.

Kastos debía regresar. Sus hombres lo esperaban, los campos necesitaban dirección y el invierno se acercaba. Pero su alma ya no era la misma desde que vio a Baithiara. Algo ardía en su pecho con una claridad desconocida. Él, que había creído conocer el amor en pasados encuentros o promesas rotas, comprendía ahora que aquello era otra cosa. Esto era destino.

No podía partir.

Pasó el día entero deambulando por el poblado, fingiendo buscar provisiones, posponiendo la marcha. Pero el peso de la decisión lo ahogaba. Era como si, al alejarse de ella, se arrancara a sí mismo del único lugar donde podía respirar. Cuando el sol comenzó a caer, y el cielo se tiñó con tonos de ocaso, Kastos tomó valor.

No podía callar.

Fue a buscarla.

La encontró en el pequeño despacho donde transcribía los registros de la jornada. Al verla, el corazón le golpeó el pecho con fuerza, pero esta vez no tembló.

—Debo decirte algo —dijo él, mirándola a los ojos—. No soy un hombre perfecto. He caído muchas veces, he conocido el abismo... las adicciones, la guerra, la traición. He llevado cargas que no deseo para nadie. Pero en tus ojos, Baithiara, vi al Creador. Sentí, con una certeza que no me cabe en el pecho, que tú eres mi propósito. Que debo desposarte, no por capricho, sino porque mi alma lo sabe.

Ella lo miró en silencio por un largo instante. No con duda, sino con esa quietud que precede a las decisiones más grandes. Sus ojos brillaban, y su voz tembló suavemente cuando habló.

—Estoy comprometida —confesó—. Cantor tiene mi palabra, pero no mi alma. Desde que te vi, algo en mí cambió. No te conozco, pero te reconozco. Siento que mi camino eres tú.

Kastos dio un paso más, apenas respirando.

—Entonces huye conmigo —susurró.

Ella negó suavemente con la cabeza, pero no por rechazo.

—No huiré. Si este paso se ha de dar, lo daré de frente, como hija de Nieve y Jois. Pediré permiso a mis padres y me uniré a ti con su bendición, no en la sombra. Y lo haré esta misma noche, porque no quiero que el destino nos vuelva a alejar.

Kastos asintió, conmovido hasta las lágrimas.

Esa misma noche, Baithiara habló con sus padres. Nieve y Jois, sorprendidos, vieron en su hija una alegría que jamás le habían visto, una paz inesperada que no pedía explicación, solo aceptación. Y aceptaron.

Con los pergaminos oficiales en mano, y ella misma como escribana, Baithiara redactó y firmó su unión con Kastos. Sin cortejos ni rituales grandilocuentes, pero con una verdad más poderosa que cualquier ceremonia. El destino no esperó al alba. Esa noche, Kastos Kandar y Baithiara, hija de los Maestros Carpinteros, se unieron bajo las estrellas, con la montaña por testigo.

Esa noche, en la humilde morada que les ofrecieron los padres de Baithiara, Kastos y ella consumaron su unión. No hubo prisa ni artificios, solo una entrega tímida, hermosa, nacida de una verdad que ninguno sabía explicar, pero ambos sentían con certeza. El guerrero, que había conocido la crudeza del mundo, fue por primera vez vulnerable. Y Baithiara, firme escribana de manos decididas, se mostró como la mujer que también anhelaba ternura. Se amaron como si el mundo pudiera acabarse al amanecer, como si su carne recordara un pacto anterior al tiempo.

En la madrugada, cuando el primer resplandor del alba acarició las piedras frías del valle, Kastos escribió una carta breve pero solemne a su madre, anunciándole lo que su corazón no podía callar:

*Madre,

regreso con el yunque bendecido por el fuego de la montaña.

No solo traigo hierro ni herramientas, sino también esposa.

Su nombre es Baithiara, hija de Nieve y Jois, hija de la tierra firme y del saber ordenado.

Nos hemos unido por verdad y no por formalidad. No busques entenderlo. Solo míranos cuando lleguemos y sabrás que fue el Creador quien tejió este hilo en mi destino.

Con amor y honor,
—Kastos Kandar*

Así, con Lucios corriendo alegre junto al carro de regreso, y Baithiara a su lado con su mirada calma y luminosa, Kastos emprendió el viaje de vuelta a su feudo. Pero no era el mismo hombre que partió días atrás. Ahora regresaba no solo con herramientas, sino con propósito. Con un hogar latiendo al lado de su pecho.

Marido y Mujer

Baithiara descendió del carruaje con la elegancia que jamás había aprendido, sino que simplemente le nacía. Su túnica, aunque sencilla, no ocultaba que pertenecía a otro mundo: uno donde los suelos eran de mármol y las promesas se cumplían por decreto. Al ver el feudo —esa mezcla de ruina y esperanza— no dijo nada. A su lado, Kastos la miró con una sonrisa que parecía de niño: desdentada por la vida, pero aún honesta. Ella respondió con silencio.

En el camino, él le había hablado con ternura. Le había dicho que ese lugar era un comienzo, una semilla. Que ahí, entre el barro y la madera podrida, podrían construir algo distinto. "Seremos libres", había dicho. Pero lo que ella oía era otra cosa: "Te amaré mientras estés dispuesta a cargar mis heridas". Y ahora, al ver la figura de Oliva —la madre, la sombra, la reina caída— esperando en los peldaños del castillo medio derrumbado, Baithiara comprendió que no solo compartía la cama con un hombre roto, sino con el eco de su madre… y con toda una historia que no era la suya. Kastos, aún con la espada colgada y el pecho vendado de batallas pasadas, la tomó de la mano. Buscaba abrigo, no amor. Y Baithiara lo sintió.

El feudo no era solo una tierra difícil. Era un espejo.

Y allí, entre el polvo y las ruinas, comenzarían no una historia de amor… sino una guerra callada entre lo que cada uno soñaba… y lo que la realidad estaba dispuesta a permitirles.

Aunque el impacto fue fuerte tanto para la novia como para la suegra, fue Oliva quien rompió primero el silencio. Con un gesto seco, pero no sin cariño, pidió a Baithiara que la acompañara a caminar por los jardines que aún no florecían. Solo tierra y promesas vivían allí.

—No soy una mujer fácil —le dijo sin adornos—. Lo sabés. Pero por mi hijo, voy a hacer el esfuerzo. Aunque no entienda todo, aunque me cueste, voy a intentarlo. No por ti, ni por mí. Por él.

Baithiara asintió, sin palabras. No era sumisión, era lucidez. Comprendía la magnitud del pacto que se le imponía, y también la soledad que eso implicaba.

Mientras tanto, Lucios —el perro fiel de Kastos— observaba toda la escena desde los escalones del patio principal. Sus ojos, grandes y serenos, no eran de animal común. Era testigo de todas las guerras internas de su amo. El único que lo había visto sangrar en batalla y llorar en sueños. En él vivía la memoria muda de lo que Kastos había sido... y el presentimiento de lo que estaba por venir. El perro no movía la cola, no ladraba. Solo miraba. Como si esperara su turno para intervenir, si la vida lo llamaba.

Oliva, por su parte, no había perdido el tiempo. Apenas recibió la carta donde Kastos le anunciaba su llegada, acompañado de esposa, activó sus antiguos hilos de poder. En menos de una luna, hizo llegar invitaciones a cada rincón de su nueva familia política: consuegros, primos, hasta tíos lejanos. Coordinó con una velocidad que solo tienen las reinas que aún saben mover los hilos aunque ya no usen corona. Quería una celebración. No por protocolo, sino por convicción.

"No les daré riqueza, ni un palacio", se repetía mientras dictaba órdenes—. "Pero sí les daré la ilusión de una dicha compartida. La felicidad de estos dos... es ahora la razón de mi existencia."

Y en esa frase, entre la fragilidad de su voz y la fuerza de su fe, había una verdad que ni Kastos ni Baithiara comprendían del todo: Oliva no buscaba redención para sí misma, sino una segunda oportunidad a través de ellos.

Se instalaron en la mejor alcoba del castillo, aunque llamarla así era más cortesía que verdad. Era apenas la menos dañada: un cuarto de muros firmes pero techos agrietados, con una chimenea que crujía al encenderse y un lecho grande, aunque roído por el tiempo. Sin embargo, en medio de la pobreza, había una belleza extraña. Una dignidad vieja que se negaba a morir.

Los novios respiraron en silencio, sentados sobre la cama. Kastos sintió algo moverse en el aire. No era frío, ni polvo... era ansiedad. Miró a Baithiara, y aunque ella no decía una palabra, su cuerpo hablaba. Se sentía fuera de lugar. Más aún: sentía que tal vez había cometido un error.

Él lo supo, pero no se quebró. El amor que sentía por ella no era el de un adolescente ciego. Era más profundo. Estaba hecho de visión, no de urgencia. Y por eso habló sin titubear.

—No te rogué matrimonio por desesperación —dijo Kastos, con una voz que nacía desde el centro del pecho—. Te lo pedí porque Dios me dijo, desde adentro, que eras tú. No para calmar mi herida, sino para forjar juntos algo nuevo.

Baithiara bajó la mirada. No lloraba, pero en sus ojos había una grieta. Era el umbral de una batalla que aún no había empezado. Kastos se acercó, con la delicadeza de un hombre que ha perdido mucho, pero aún sabe cuidar lo que ama.

—Nuestro matrimonio —continuó— no se va a basar en comodidad, ni en nostalgia. Se va a basar en crecer este amor... y en crecer nosotros. No como príncipe y princesa. Sino como dos personas que eligieron caminar aunque el suelo tiemble.

No hubo discursos. Ni lágrimas dramáticas. Solo ese momento: dos cuerpos, dos almas, entendiendo que estaban ante una gran prueba. Tal vez la más importante de sus vidas. Y en ese entendimiento, se abrazaron. No por lujuria, ni por alivio. Sino porque sabían que si no unían sus almas esa noche, tal vez se perderían para siempre.

Hicieron el amor con respeto. Con la mezcla de urgencia y promesa que tienen las uniones bendecidas por la necesidad de no rendirse. No fue un ritual de placer. Fue un pacto. Una raíz.

Y así, entre las piedras viejas, las paredes descascaradas y el eco del Creador que aún parecía caminar entre los pasillos de ese castillo olvidado, Kastos y Baithiara sellaron el inicio de una historia que —aunque nadie más la creyera— merecía ser contada como si fuera sagrada.

Llegó el día de la celebración del matrimonio.

Los primeros en llegar fueron los padres de Baithiara, con los rostros iluminados por un gozo que no necesitaba palabras. Su hija los abrazó con fuerza, como si quisiera sostenerse de algo conocido antes de enfrentar lo desconocido. Al ver a Kastos, lo recibieron con la calidez de quien abre la puerta al destino: sin dudas, sin condiciones. Era su nuevo hijo.

Más tarde llegaron otros miembros de la familia: la cuñada de Kastos, Sarias la evanista, con sus manos de artista y su corazón de madre, y Alexus, el cuñado ingenioso y de humor prevenido, cuya mirada inteligente y voz templada enseguida rompieron la tensión del ambiente. Ambos venían dispuestos a integrar no solo a Kastos, sino también a Oliva, en su clan. No lo decían, pero se sentía: los aceptaban como si siempre hubieran sido parte.

La fiesta comenzó con música discreta, pero pronto el aire se llenó de risas, brindis y platos humeantes. La comida abundaba, al igual que el vino, y aunque la despensa no daba crédito para tanto, era como si el Creador, desde bastidores, multiplicara los manjares como un viejo truco de amor. Kastos, en medio del bullicio, alzó su copa y por un momento, juró escuchar algo más que voces humanas. Era como un susurro en la brisa:

"No se dan cuenta... pero estoy haciendo algo nuevo. Ya no hay que mirar atrás."

No supo si lo había imaginado. Pero en su pecho, algo se encendió. Una calma rara, una esperanza sin forma.

La celebración duró hasta la madrugada. Algunos bailaban entre risas, otros dormitaban abrazados por el vino y la confianza. Las velas se derretían como si quisieran alargar la noche. Y al final, cuando los últimos brindis se mezclaban con bostezos sinceros, los invitados se despidieron con abrazos y promesas de volver. Muchos de ellos, por primera vez, se sentían parte de algo que no tenía nombre… pero que era real.
Quedaron los tres: la madre, el hijo y la nuera.
Y también Lucios, el perro que no dormía, que aún vigilaba, que aún esperaba.
En un rincón del salón, Nieve, la suegra de Kastos —una mujer menuda, de mirada aguda y manos perfumadas con lavanda— tomó al perro en brazos y le habló como a un nieto peludo:
—Vos sí sabés lo que pasa, ¿no? Vos sí lo entendés.
Lucios, tranquilo, se dejó mimar. Como si supiera que ahora, por fin, su amo tenía no solo una batalla que pelear, sino un hogar por el cual valía la pena luchar.
Y en ese silencio posterior al festejo, mientras el castillo dormía su primera noche sin ruina emocional, el Creador seguía trabajando. No con rayos ni milagros. Sino con la suave constancia del amor que elige quedarse.

La lagrima que se llevó el agua

Los días transcurrían, y la pareja enfrentaba los desafíos propios de un matrimonio reciente. Pero más allá de las costumbres y los protocolos, había una verdad innegable: eran dos desconocidos que se habían desposado. Cada día de convivencia era una batalla sutil entre el amor que brotaba y las aristas de sus personalidades, aún por descubrir.

Había mieles, sí, momentos dulces donde el roce de las manos o una mirada bastaban para construir un hogar efímero. Pero también había hieles: roces, malentendidos, silencios que pesaban más que las palabras. A esta dinámica compleja se sumaba un detalle que no podía ignorarse: la madre de Kastos compartía, casi como un reflejo, el mismo temperamento que su joven esposa.

Ese espejo entre ambas mujeres descolocaba a Kastos. No sabía cómo actuar cuando la inevitable puja comenzaba. Eran duelos sin espada, pero con la misma intensidad de una batalla. Y él, atrapado entre dos fuegos que amaba, se refugiaba en lo único que no le exigía tomar partido: su perro, Lucios.

El leal animal se convirtió en su confidente silencioso, el único capaz de consolarlo sin juicio. Al mismo tiempo, sus momentos de oración se hicieron más largos, más profundos. Era en el diálogo con Dios donde Kastos encontraba nuevamente la calma. Las tormentas internas amainaban, al menos por un tiempo, bajo el peso sereno de la fe.

Fue en uno de esos días, en la intimidad de un atardecer, cuando su esposa le entregó un pequeño calcetín tejido con hilos suaves y delicados, obra de Baithiara. No necesitó decir más. Aquel humilde presente era el anuncio: pese a todas las tormentas, Kastos tendría descendencia.

La noticia lo atravesó como un rayo tibio. Y en ese mismo instante, como si la vida entera se reorganizara en torno a la esperanza, Lucios cambió. Ya no era solo el perro del guerrero; ahora permanecía junto a la esposa de Kastos, asumiendo su nuevo rol sin palabras: el de guardián del futuro, de aquel pequeño hogar que se gestaba en silencio.

La noticia, como suele ocurrir con las cosas verdaderas, no tardó en llegar a oídos de quienes amaban a Kastos. Entre ellos, Climaya, quien al conocer la buena nueva, sonrió con un brillo inusual en la mirada. Era una alegría sincera, profunda, nacida no de la sorpresa, sino de la certeza de que, finalmente, el hombre al que había protegido como a un hermano comenzaba a construir el hogar que siempre mereció.

Pero la vida rara vez concede victorias sin tributo. A medida que el vientre de su esposa crecía, una sombra también lo hacía. Algo no estaba bien. Era un presentimiento silencioso, una grieta que se agrandaba con cada luna.

Y fue en una noche de tormenta, cuando los relámpagos rasgaban el cielo como si los dioses pelearan entre ellos, que la tragedia golpeó. Los gritos de Baithiara, agudos, desgarrados, rompieron el sueño del castillo. Kastos no dormía. Hacía días que el movimiento inquieto de su esposa en el lecho lo mantenía en vela. Pero ese grito fue distinto. Era un alarido de dolor, de miedo, de algo que ya no podía ocultarse.

Cuando llegó a su lado, la encontró envuelta en sangre. El mundo se estrechó.

Sin perder tiempo, Kastos recurrió a lo que sabía: años de batallas le habían enseñado a cerrar heridas, a detener hemorragias, a no rendirse cuando la muerte parecía segura. Pero esa noche no era un campo de guerra. Era su hogar. Era su esposa. Era su vida la que se desangraba ante sus ojos.

Con manos firmes, tomó las medidas iniciales. No había margen para el pánico. La cargó en sus brazos y la llevó a las parteras del lugar. Ella deliraba, sus ojos vagaban sin ancla, atrapada en el dolor y la fiebre de la pérdida. Kastos, cubierto de sangre, respiraba hondo, como si la furia de sus viejos tiempos quisiera brotar. Pero esto era distinto. No aceptaría la muerte como un hecho inevitable.

Las parteras tomaron el control. Le pidieron que aguardara. Y Kastos, acostumbrado a liderar, se vio obligado a esperar. Un castigo cruel para quien siempre había luchado de frente.

La madrugada se hizo eterna. Afuera, la tormenta amainaba. Adentro, otra tormenta —silenciosa, insoportable— lo desgarraba por dentro. Quería llorar. Gritar. Romper las piedras con sus puños. Pero no lo hizo. Solo se aferró a la esperanza, como un soldado a su último aliento.

Cuando el primer rayo de sol asomó tímido, la partera se le acercó con el rostro curtido por la costumbre de dar malas noticias.

—Tu esposa está a salvo, Kastos. Pero la criatura... no.

Por un instante, el mundo se detuvo.

Kastos cerró los ojos y, en silencio, agradeció al cielo que su amada no lo abandonara. Pero juró, en ese mismo instante, que no volvería a tentar al destino. No podría arriesgar otra vez la vida de su esposa por su anhelo de descendencia. No lo soportaría. No era cobardía. Era amor. Un amor que había aprendido, al fin, a ser prudente.

En aquella vigilia amarga, Kastos recordó a sus primos. Esos que lo odiaban, que habían deseado su caída. Y por primera vez aceptó una verdad incómoda: su trato hacia ellos, aunque no justificaba el odio, tampoco había sido limpio. Había provocado, humillado, exacerbado viejas heridas. No merecía su muerte, pero tampoco era inocente de su rencor.

Esa noche lloró. Lloró como pocas veces en su vida. Pero no por la pérdida de un hijo. Lloró por el hombre que había sido.

Movido por ese arrepentimiento, mandó cartas a cada uno de sus primos, solicitando perdón. No le importaba si respondían. No buscaba reconciliación. Solo quería saldar una deuda que pesaba en su alma.

Pasaron meses de tristeza. Kastos y su esposa vivieron en una quietud amarga, compartiendo un duelo sin palabras. La alegría había abandonado su hogar, como si temiera regresar demasiado pronto.

Pero, como todo ciclo, la luz encontró resquicios. Lentamente, casi sin que lo notaran, pequeñas sonrisas comenzaron a asomar. Gestos mínimos, pero verdaderos. El dolor no se fue. Aprendieron a llevarlo. Y en ese aprendizaje, su amor creció. Ya no como un fuego voraz, sino como una brasa que, pese al viento, seguía ardiendo.

El joven matrimonio, marcado por la pérdida, comenzaba al fin a comprender lo que significaba construir un hogar... más allá de la sangre.

Un sueño con promesa...

La pérdida de aquel ser no nato, invisible al mundo pero eterno en el alma de quienes lo esperaban, comenzó a desvanecerse lentamente, como un luto íntimo que en lugar de separar, unió. Kastos y Baithiara, con el corazón aún sensible, comenzaron a encontrarse de verdad por primera vez.

El dolor compartido se transformó en pertenencia. Las palabras, antes escasas o templadas por la incomodidad, empezaron a fluir con naturalidad. Las noches se llenaron de conversaciones suaves, de miradas largas, de silencios que ya no pesaban. Kastos, por fin, encontraba en su esposa no solo deseo o compañía, sino una aliada. Y Baithiara, en Kastos, veía un hombre que aprendía a ser esposo con cada herida sanada.

Lucios, el perro que había llegado en días de sombras, ahora dormía entre ellos, o los esperaba con la cabeza alta y los ojos sabios. Con sus juegos, sus ladridos, sus siestas largas junto al fuego, se volvió un símbolo vivo de la familia que, pese a todo, comenzaban a construir.

En medio del trabajo duro, de las jornadas extenuantes, en los campos aún pobres y las decisiones aún difíciles, Kastos podía volver a casa, sentarse junto al fuego, y por momentos creer que la paz era posible.

Pero la paz no era total.

En el mismo hogar, como dos estaciones que se niegan a rendirse una ante la otra, convivían dos presencias poderosas: Baithiara, la esposa amada y firme, y Oliva, la madre noble y orgullosa.

La princesa Oliva tenía su lugar por derecho y por historia. Había sido humillada y redimida, marginada y restituida, y su espíritu no era uno que se doblegara con facilidad. Sin embargo, esa nobleza no era solo título: era también peso, juicio, y una mirada que rara vez se ablandaba. A pesar del afecto que profesaba por su hijo, y del respeto que trataba de mantener, su carácter no sabía convivir sin confrontar. Y Baithiara, que venía de su propio linaje de lucha, no era mujer que tolerara humillaciones en su propia casa.

Así, los roces eran constantes. Pequeños gestos, palabras veladas, silencios calculados. Una taza puesta con demasiada fuerza. Una frase que no necesitaba ser completada para doler. Una opinión lanzada como lanza en la hora del almuerzo. La tensión era como una cuerda tirante que, aunque aún no se rompía, sonaba con cada paso.

Kastos vivía atrapado entre ambas. Comprendía que su madre merecía un puesto de honor. Había sido ella quien lo salvó cuando todos lo querían muerto. Pero también sabía que su esposa merecía respeto y un espacio propio. En sus oraciones, que se volvieron más frecuentes y más hondas, pedía al Creador una solución. Rogaba no por riqueza, ni gloria, ni descanso, sino por paz en su hogar. Por la gracia de una armonía que no parecía al alcance de sus manos.

El feudo era amplio, sí, pero no lo suficiente para dos señoras que no se rendían. Y la pobreza —aún presente, aunque algo aliviada— tensaba más las cuerdas invisibles del poder compartido.

Una noche, tras un día agotador en el campo, luego de mediar entre ambas sin éxito, después de contar monedas que no alcanzaban y revisar almacenes medio vacíos, Kastos se dejó caer en su lecho, vencido. El cansancio era tal que ni siquiera bebió vino. Lucios se acurrucó a sus pies, y Baithiara, exhausta también, ya dormía.

Y allí, sin aviso ni preámbulo, el Creador le habló en sueños...

Kastos apareció en la cima de una montaña que no reconocía, pero que su alma sentía como propia. Desde allí, la vista era sobrecogedora: valles dorados, ríos cristalinos y caminos que se bifurcaban en todas direcciones. Carruajes lujosos ascendían por senderos empedrados, soldados con estandartes de su linaje custodiaban bienes incontables. Riquezas, poder, reconocimiento... todo aquello por lo que había luchado, todo lo que alguna vez su corazón había deseado, se desplegaba frente a él como una pintura viva.

A su derecha, una presencia silenciosa —ni hombre, ni mujer, ni sombra, ni luz— lo acompañaba. Su voz era suave, sin sonido, y aun así se sentía como un eco directo al alma.

—Hijo mío —dijo—, todo lo que un día pediste ha sido concedido. Tus batallas no fueron en vano. He aquí la recompensa: el cumplimiento de todos los deseos de tu corazón.

Kastos, sin embargo, no sonrió.

Miró el esplendor con ojos quietos, como si algo en su interior ya no le perteneciera del todo. Y con una calma serena, sin desdén pero sin brillo, respondió:

—Sí... es hermoso. Pero en este momento, solo estoy atento a la llegada de mi niña.

La presencia no replicó. Guardó silencio, como si entendiera que, por encima de los bienes, del poder, del triunfo, había algo más sagrado.

Kastos se volvió entonces. Detrás de él, una figura joven ascendía por la colina. Y al verla, su alma se estremeció. Era una muchacha de mirada limpia, andar firme, sonrisa de luna. El corazón le saltó en el pecho como si lo reconociera antes que la mente. Supo, sin lugar a dudas, que esa joven era su hija. No una hija imaginada, ni deseada, sino real, plena, futura.

Todo lo que él era —sus heridas, su fuerza, sus dudas, su amor— parecía cobrar sentido en esa criatura que lo miraba como si fuera su primer hogar. Y en ese instante, ni los carruajes, ni las tierras, ni las espadas con su escudo importaban. No existía riqueza mayor.

La joven se acercó sin palabras, y cuando lo abrazó, Kastos sintió una paz que no había conocido en toda su vida. A su lado apareció Baithiara, radiante, más luminosa que nunca. Le sonrió con ternura, y sin decir nada, tomaron juntos el camino hacia una casa hermosa, que se alzaba más arriba en la montaña, hecha de piedra clara y vigas cálidas. Allí, lo supo, los esperaba un almuerzo familiar. Una mesa sin conflictos, sin rencores, sin heridas abiertas. Una mesa donde el amor era la única herencia.

Despertó con un sobresalto suave, no de miedo, sino de revelación.

Lucios dormía aún a sus pies, y Baithiara respiraba a su lado, envuelta en el silencio de la madrugada. Pero Kastos no podía volver a dormir. Se sentía como si hubiera regresado de un lugar sagrado. Como si sus ojos hubieran visto algo más verdadero que la vigilia.
Se levantó, y con el alba aún dormida, buscó a su madre y a su esposa. Les habló del sueño con voz temblorosa pero clara. Oliva, al escucharlo, bajó la mirada y se persignó. Baithiara, por su parte, asintió con una mezcla de escepticismo y pudor, como quien escucha algo imposible... pero hermoso.
Pasaron semanas. La vida siguió su curso: el campo, los conflictos, las cuentas. El hogar, aunque aún tenso por momentos, comenzaba a respirar con más calma. Hasta que un día, en la intimidad de la alcoba, Baithiara lo miró con una mezcla de ironía y vulnerabilidad, y le dijo:
—Creo que estás embrujado. Porque esto no tiene explicación... pero estoy embarazada.
El silencio se hizo absoluto.
Kastos se quedó inmóvil, atrapado entre dos sentimientos opuestos. Por un lado, la alegría brutal, animal, que nacía desde el fondo de su alma. Por otro, el miedo ancestral: el temor de perder otra vez, de que el destino le arrebatara aquello que apenas comenzaba a formar.
—¿Y estás segura? —preguntó, con una voz que quería ser firme pero se quebraba como un niño.
—Lo suficiente como para temblar —respondió ella.
Él se acercó y la abrazó sin decir nada. Pero en su interior, declaró con una convicción que no necesitaba prueba:
—Será una niña. Igual que en el sueño.

Y por primera vez en mucho tiempo, Kastos Kandar, el príncipe sin título, el bastardo guerrero, el hijo de la vergüenza y la esperanza, creyó de verdad... que el Creador no lo había olvidado.

Las nueve lunas...

Con la noticia del embarazo, Kastos quedó embargado por una tormenta de pensamientos. Mientras el ser que venía al mundo ya estaba tocado por el sueño de Dios, él aún pisaba la tierra con pies de barro. Miraba al cielo y se ilusionaba con la paternidad, con el anhelo de una temporada de paz, de reunificación, de un amor incondicional que le diera sentido. Soñaba con tener lo que nunca tuvo: un hogar donde reinaran la ternura y la redención. Pero el día a día lo desgastaba. Las cosas apenas funcionaban. Se sobrevivía, sí, pero el horizonte parecía negarse a la posibilidad de que el sueño se hiciera real.
Mientras el vientre de la futura madre crecía, también lo hacía el peso de Kastos. No solo era la factura de excesos pasados; era también el preludio simbólico de lo que vendría: una hija que, sin saberlo aún, necesitaría recordar que el pecho de su padre sería siempre su refugio, su trinchera sagrada. Sin embargo, él, aún vanidoso, se veía engordar y se repudiaba en secreto, sin entender que ese cuerpo que ahora cargaba era el molde donde habitaría un nuevo tipo de fuerza: la de proteger, sin espada, con solo el amor.
Los nueve meses pasaron como un invierno lento: con ilusión contenida, con el miedo agazapado en los rincones, con la esperanza temblando como una vela que se niega a extinguirse. Temía que ese alumbramiento fuera otra tragedia en su historia, otro hilo roto en su destino errante.
Pero no. El día llegó.

En pleno invierno, mientras el viento golpeaba las ventanas y el cielo era una sábana de plata muda, nació la niña prometida. Sana. Fuerte. Con una mirada que no era de este mundo. No lloró al nacer. Solo se escuchó la voz de la partera:

—Señor Kastos… ya puede entrar.

Y allí estaba ella. En el pecho desnudo de Baithiara, su madre. Pequeña. Inmensa. Seria. Desafiante. Lo miró como si ya supiera quién era él, como si desde el otro lado del velo lo hubiera estado observando siempre. Y en ese instante, Kastos sintió que su fuerza —la suya, la que había sido bestia, espada, humo, fuga— había servido para crear algo más puro que él mismo.

Se miraron los nuevos padres. No dijeron palabras que no hicieran falta. Solo se agradecieron con los ojos. Y le dieron un nombre:

Anthiara.

La niña que llegaba para cambiar muchas vidas. La hija que daría sentido a todas las derrotas de su padre. La semilla de una nueva era, donde la fuerza no solo se mediría en espadas… sino en amor.

Kastos la sostuvo con torpeza, temeroso de su propia fuerza. Preguntó a las parteras por el color de sus manos, como si algo estuviera mal, como si aquella criatura pudiera deshacerse entre sus dedos. Era un temor absurdo —común en todo recién nacido—, pero para él, ese detalle era una amenaza velada. Había cargado espadas, cuerpos, heridas… pero nunca un alma pura.

Cuando la sintió aterrizar en sus brazos, comprendió que era real. Que no era un sueño, ni un símbolo, ni una idea hermosa. Era Anthiara, su hija. Un propósito. Un ser que no desaparecería. Su respiración se volvió corta, su frente sudaba a pesar del frío del invierno que rodeaba la estancia. Temblaba como un niño a quien le han entregado un tesoro sin instrucciones.

Baithiara, exhausta pero luminosa, lo miraba desde la cama. Había sido valiente, inmensa en su entrega. Y ahora, al verlo tan dominado por una criatura tan pequeña, no pudo evitar sonreír. El guerrero que había hecho temblar reinos, ahora se rendía ante unos ojos recién abiertos. Ella lo contemplaba con ternura, divertida y enamorada.

La noticia fue enviada de inmediato. Primero, a la familia de Baithiara. Luego, al padre de Kastos, que ya había sido prevenido. Las horas siguientes fueron una procesión sagrada: uno a uno, los notificados llegaban para ver con sus propios ojos aquello que ya era leyenda naciente.

La primera en cargar a la niña fue una princesa del linaje cercano —no por preferencia, sino por cercanía—, y cuando la tuvo en brazos, su rostro cambió. Algo invisible se estremeció en el aire. Como si al tocarla, entendiera que esa niña era semilla de un nuevo tiempo. El cumplimiento de algo hermoso. Una promesa viva.

Uno tras otro, los visitantes fueron cargando a la niña, y uno tras otro sintieron esa vibración misteriosa, ese eco de un destino mayor. No había aún palabras ni profecías, pero el corazón de cada uno latía diferente tras haberla tocado.

Y así como llegaron, se fueron. Cada uno con su silencio y su sospecha. Ya caía la tarde del segundo día cuando la casa volvió a ser solo un nido.
En la penumbra dorada de la habitación, Kastos y Baithiara, solos al fin, cuidaban y contemplaban a su hija. La dulzura del momento era tan absoluta que parecía contener todo lo que alguna vez les fue negado: ternura, paz, sentido. Nada más existía.
Solo ellos tres.
Un padre, una madre... y la niña que había venido al mundo a recordarles que la vida —a veces— también sabe cumplir sus promesas.

La bebe, el perro y El gordo barbón

Los meses pasaron con la cadencia de las estaciones en tierras aún rotas. El castillo seguía maltrecho, los campos aún resecos... pero en medio de esa ruina, algo florecía. La pequeña, aún sin nombre proclamado, crecía como una bolita de carne tibia y rosada, con mejillas que parecían talladas por la ternura misma. Amamantaba con fuerza y dormía con una paz que ni el mundo ni los linajes podían perturbar.

Lo curioso era Kastos.

Mientras su hija se inflaba como una fruta de leche y sol, él también se expandía. Su barba se volvió espesa, su cuerpo más robusto. La espada colgaba menos de su cintura y más del recuerdo, como si por fin pudiera permitirse ser otra cosa que un guerrero. Ya no era solo el príncipe sin título. Era padre. Y con cada risa de su hija, un ladrillo invisible se sumaba al castillo interior que construía dentro de sí.

Baithiara, por su parte, no se quedaba quieta.

Aunque la maternidad la había envuelto con un aura casi sagrada, su mente no se aplacaba. Seguía leyendo, escribiendo, anotando sueños en márgenes de pergaminos. Tenía la mirada de quien ya vislumbra un camino largo, pero propio.

Un día, burgueses de la región —hombres de tierra pero no de espada— vinieron a Kastos. Traían modales suaves, anillos en los dedos y una propuesta entre líneas. Requerían una escribana letrada, astuta y de confianza. Una mujer que supiera de números y de lenguaje, que supiera moverse entre acuerdos sin perder el alma. Querían a Baithiara.

Kastos, que los escuchó sin interrumpir, respondió con esa gravedad suya que hacía temblar incluso a los nobles más endurecidos: —Yo a mi esposa la amo. Pero no soy su dueño. Que ella decida.

Baithiara, aún con la niña en brazos y la leche en su pecho, dudó. La propuesta era tentadora, pero el tiempo de la madre recién empezaba. Sin embargo, tras una noche de silencio y charla entrecortada, comprendió que ese era el inicio de su verdadero andar. No solo sería madre ni esposa de un noble errante: sería autora de su historia.

Aceptó.

Kastos, viéndola vestirse para su primer día —con tinta en los dedos y miedo en los ojos— se acercó, tomó su rostro entre sus manos callosas y le dijo:

—Baithiara... empezás aquí, pero verás que hasta el fin de tus días, tus pasos siempre los oirá el mundo.

Ella sonrió, y por un instante, el eco de su futuro pareció resonar en los muros derruidos del castillo.

Kastos, por su parte, se quedó en casa. Pero ya no era el lobo errante ni el hijo maldito. Ahora era un hombre con tierra, con hija, con vino discreto y una barba que olía a pan, a lana tibia y a leche derramada. La vida, por primera vez, le permitía algo que jamás creyó merecer: el derecho a ser... feliz.

Y mientras su esposa escribía pactos y tejía alianzas con palabras, él le cantaba a su hija con voz ronca, le enseñaba a gatear en la sombra de los lirios secos, y reía sin armadura. Porque a veces, el rugido más fuerte... es el de un padre que ama en silencio.

Lucios, el viejo perro de mirada sabia y corazón indomable, se convirtió en la nana más leal que alguna vez hubiese conocido una niña. No había voz de nodriza que valiera más que su ladrido protector, ni cuna más segura que su lomo tibio. Desde que la pequeña Anthiara —así la llamaban ya con firmeza y dulzura— comenzara a caminar con paso tambaleante, Lucios la seguía como una sombra fiel, un lobo domesticado por el amor.

El otro miembro de aquella peculiar cuadrilla era el mismísimo Kastos Kandar. Su barba, ahora espesa y salpicada por restos de leche y tierra, le daba un aire de oso domesticado, aunque sus ojos seguían ardiendo como brasas antiguas. Era el escolta de su hija, su compañero de juegos, su protector gordo y feliz. Cada mañana, con la claridad apenas abriendo los campos, emprendían los tres una pequeña odisea en el bosque.

No era una expedición formal ni una cacería salvaje. Era un ritual de ternura y aventura.

Kastos cargaba la ballesta, una piel colgada al cinto, y la niña aferrada al cuello en sus primeros días. Con el tiempo, ella aprendió a caminar junto a Lucios, a mantenerse agazapada en la maleza mientras el barbudo cazaba en silencio. No por crueldad, sino por necesidad. El cuero de la presa era vendido en el mercado por buen precio, y el guiso de ciervo, aderezado con hongos y raíces del bosque, se volvía manjar codiciado por los leñadores que pasaban y olían el aroma entre los árboles.

Anthiara reía al ver el despliegue, al tocar la piel tibia de la caza, al chapotear en los arroyos que bordeaban el sendero. Era una niña silvestre, criada entre corteza y canto de ave, entre los pasos sigilosos de su padre y el resoplido amoroso de Lucios.

Los tres parecían una pandilla errante: el guerrero gordo, el perro veterano y la niña salvaje.

Pero lo más bello ocurría al atardecer.

Siempre, sin falta, tomaban el sendero de regreso y hacían un desvío preciso por el camino de piedras blancas. Allí, entre sombras largas y luces doradas, la esperaban. Baithiara regresaba de su jornada entre burgueses y tinta, con los dedos manchados de escritura y el rostro agotado. Al verla, Lucios ladraba bajito, la niña corría tambaleante a sus brazos, y Kastos abría los suyos con sonrisa desordenada.

Esa rutina —sagrada, diaria, silenciosa— era la gloria más secreta que la vida les había dado.

Pero no todo era juego y bosque. Cuando Anthiara enfermaba, con fiebre o llanto sin causa, el barullo de la casa se detenía. Baithiara se sumergía en hierbas y remedios. Lucios no se movía del lecho. Kastos, gigantesco, se convertía en montaña viva. La niña solo encontraba consuelo acurrucada entre el ronquido protector del perro y la panza tibia de su padre. Era como si esas dos presencias —una de carne, otra de pelaje— fueran su única medicina verdadera.

Kastos jamás lo decía en voz alta. Pero en esos momentos, cuando la fiebre bajaba y Anthiara dormía entre ellos, sentía algo que en sus días de mercenario jamás había sentido: sentido.

Había peleado por oro, por justicia, por venganza.

Ahora vivía por esto.

Una niña, un perro, una mujer que escribía el mundo y una cena humeante al caer el sol.

La guerra, por primera vez, parecía muy, muy lejos. Pero la paz, en los dominios de Kastos, era como el humo del guiso: espesa, cálida... y siempre a punto de disiparse con el viento.

Porque más allá del bosque y sus silencios, al sur, las ciudades hervían.

Las revueltas contra la monarquía occidental habían desatado una furia sin bandera, y muchos bandidos de baja estofa, al ver desmoronarse su mundo de sobornos y calles oscuras, se internaron en los bosques como ratas huyendo de la lluvia.

Fue en ese clima que el peligro tocó los bordes del pequeño paraíso de Kastos.

Era una tarde de sol filtrado, de hojas tibias y aire dulce. Kastos, Lucios y la pequeña Anthiara acababan de almorzar un cocido humeante, espeso y aromático, en un claro entre los árboles. El perro roncaba con un ojo abierto, la niña jugueteaba con una rama, y Kastos, recostado contra un tronco, parecía por primera vez verdaderamente en paz.

Pero la paz no dura para quienes han vivido demasiadas guerras.

Lucios fue el primero en notarlo. No gruñó. No ladró. Solo giró lentamente el cuello y clavó los ojos en la espesura. Su cuerpo se tensó, y sin moverse, alertó a su amo. Kastos y el perro no necesitaban palabras. Habían compartido demasiados caminos juntos. Uno pensaba y el otro ya actuaba.

Anthiara, que apenas sabía hablar bien, percibió de inmediato el cambio. Sintió el aire más denso. El canto de los pájaros, ausente. Y sin que nadie le enseñara, entendió que era momento de callar, de quedarse agazapada junto a Lucios, como en los juegos de caza.

Pero esta vez no jugaban.

De entre los árboles emergieron tres figuras.

Desalineados, sucios, con ojos que no miraban... escudriñaban. Uno de ellos sonrió con dientes rotos. El otro fingía caminar con paso de peregrino. El tercero ya tenía la mano en el mango de su cuchillo.

—Buenas tardes, señor —dijo uno—. Somos viajeros cansados... nos atrajo el olor de su comida. ¿Nos compartiría un poco?

Kastos los observó. No eran peregrinos. Eran tránsfugas. Hombres sin honra, expulsados de las ciudades por la revolución, que ahora buscaban sobrevivir del robo, del miedo, del filo fácil.

Su respuesta fue calma, pero certera:

—Lo siento. El cocido es para los leñadores. Me contratan para cocinarles. Están cerca.

La mentira fue suave, como un hilo de advertencia apenas visible. Pero en el bosque, una simple frase podía cambiar el curso de un destino.

Los forasteros pelaron los dientes. Ya no disimulaban. Uno soltó una carcajada áspera.

—¿Leñadores? Aquí no huele a hacha... huele a cobarde con suerte.

Y desenfundaron.

Kastos se levantó.

Olvidó por un segundo que ya no era el mercenario ligero de antaño. La panza pesaba, los reflejos no eran los mismos. Pero algo más pesaba aún más: su hija estaba allí. Y eso lo volvía inmenso.

—Lucios —dijo simplemente.

Y la muerte cayó como una ola oscura.

El perro saltó primero, directo a la garganta del más cercano. Kastos giró sobre su talón y, con un movimiento limpio, partió el cráneo del segundo con el mango de su cuchillo. El tercero intentó huir, pero Lucios lo alcanzó y lo derribó como a un ciervo enfermo. En menos de lo que dura un grito, los tres hombres estaban tendidos en el suelo, deshechos por la furia protectora del padre y la lealtad feroz del animal.

Anthiara no lloró.

La pequeña en silencio. Había visto un rostro de su padre que no conocía. Un rostro que no era el del cocinero, ni el del oso tierno que le hacía cosquillas. Era otro. Uno duro, imponente. Uno que no temblaba ante la sangre.

Pero tampoco tuvo miedo.
Porque en ese instante, en el silencio que siguió a los cuerpos, sintió que su padre era más grande que el bosque, más fuerte que el acero, más cierto que la muerte misma.
Y por un destello, apenas un segundo... supo.
Supo que su porvenir sería seguro. Que crecería en sombra firme, bajo alas de verdad. Que ese hombre —el de la panza tibia y el puño de piedra— era más que un padre: era su origen divino. Porque una niña tan pequeña que puede ver tanto... no es solo hija.Es un regalo del Creador.

Un adiós a olivo grueso

Aquel domingo había sido inusualmente sereno.

En el feudo de los Prados de la Paloma, el almuerzo familiar transcurría entre risas suaves y pan recién horneado. La princesa Oliva estaba particularmente amable aquel día. Ahora, como abuela, parecía haber hecho las paces con ciertas batallas domésticas que antes la mantenían en permanente guardia. Incluso sus discusiones con su nuera se habían vuelto casi decorativas: duelos de cuchillo sin filo, más cercanos al afecto que al resentimiento.
Kastos compartía la mesa con Anthiara y Baithiara, mientras Lucios, el perro, dormitaba al pie del banquillo, moviendo la cola de vez en cuando con la cadencia de quien sabe que la paz no dura para siempre.
El vino corría sin exceso, los manteles blancos ondeaban con la brisa, y las frutas estaban dispuestas con la elegancia de los días que merecen ser recordados. Por un instante breve y frágil, todos los fantasmas se habían quedado fuera del umbral.
Entonces llegó la comitiva.
No era una patrulla común, ni una visita cortesana. Eran jinetes de vestiduras oscuras, montando caballos de paso lento y escudo solemne. La guardia se irguió al verlos entrar por el portón principal, y en la galería de piedra, el silencio se impuso como una orden no pronunciada.

El heraldo descendió de su corcel, portando un estandarte de la ciudad Convican. Su voz, cuando habló, era clara como el metal afilado:
—Traigo un mensaje del Monarca de Occidente.
Kastos no se levantó. Su madre, Oliva, sí. Fue ella quien recibió el pergamino sellado con cera carmesí, quien rompió el sello con dedos temblorosos y leyó en voz baja, moviendo apenas los labios. Cuando terminó, la mano que sostenía la carta cayó lentamente.
—Ha muerto —dijo, y su voz fue un susurro que heló la tarde—. La reina... mi madre.
Kastos no parpadeó. Siguió mirando su copa, girándola levemente entre los dedos. Nadie en la mesa osó hablar primero.
No fue incredulidad lo que lo mantuvo en silencio, sino algo más amargo: la certeza de que, algún día, esto llegaría... y de que ni entonces ni ahora sabría cómo enfrentarlo.
No lloró. No se levantó. No dijo nada.
A pesar de todo lo que la odiaba, y tal vez por todo lo que la había amado en secreto, su rostro no traicionó emoción alguna. Era la muerte de una raíz que nunca lo alimentó, pero que aun así formaba parte de su tronco. Sentía el temblor en el pecho, pero no lo mostraría. No allí. No frente a todos.
—Las honras fúnebres serán en Convican —añadió el heraldo, como quien anuncia el clima—. El Monarca de Occidente ha ordenado un funeral de estado... por sus "colaboraciones distinguidas".
Kastos dejó la copa sobre la mesa con un gesto seco. Por fin habló, sin mirar a nadie.
—Convican... claro.

CONVICAN

Convican era una ciudad que no se manchaba con muerte común. Allí solo eran enterrados los lores nacidos entre sus muros o aquellos bendecidos por decreto del Monarca de Occidente. Su arquitectura de mármol gris y torres cilíndricas daba la impresión de ser más una catedral de piedra que una ciudad viva. Las calles eran pulidas con sal y cal, y los muros llevaban inscripciones de guerras y tratados que solo beneficiaban a los de siempre.

Era un lugar donde el honor se escribía en voz alta, pero se susurraba con hipocresía.

La reina Olivo Grueso no había nacido allí. Nunca lo habría querido. Pero su nombre, a pesar de su origen ajeno, fue grabado en los anales de Convican porque durante décadas colaboró con la monarquía de Occidente, sacrificando los restos de su antiguo reino a cambio de protección —o quizás, supervivencia.

El Monarca, un hombre de verbo dulce y corazón de hielo, ordenó que su féretro cruzara las puertas de Convican. No porque la amara, ni porque la respetara. Sino porque necesitaba el gesto. Necesitaba mostrar al mundo que sus aliados morían en su gloria, aunque en vida los hubiese despreciado.

—Un funeral digno de una reina —dirían los mensajeros.

Pero todos sabían que no era así.

Era un adiós maquillado. Un gesto vacío. Una obra de teatro para la historia. Un entierro de dientes para afuera.

La comitiva se fue como había llegado: sin alma, pero con protocolo. El eco de los cascos sobre la piedra se desvaneció, y el silencio que quedó fue más profundo que cualquier cántico fúnebre.

En la galería, los criados comenzaban a recoger los restos del almuerzo. No se movían con prisa: sabían que, en esa casa, no eran siervos, sino parte del tejido vivo del hogar.

Kastos ya estaba con ellos. Sin que nadie se lo pidiera, comenzó a levantar copas, a recoger platos, a doblar los manteles con la destreza de quien lo ha hecho mil veces.

Él no dejaba el trabajo a manos ajenas por costumbre ni por gesto simbólico. Era su forma de vivir: hombro con hombro.

—Deja eso, mi señor —le dijo uno de los criados, con una sonrisa tímida.

—No soy más señor que tú después de esta noticia —respondió Kastos, colocando los cubiertos en la bandeja de madera—. Y hoy... todos necesitamos hacer algo con las manos para que el corazón no se desborde.

La princesa Oliva lo observó desde el umbral del comedor, con una expresión que mezclaba sorpresa y ternura. Kastos, sin mirarla aún, habló:

—Debemos ir a Convican —dijo con voz firme, pero sin dureza—. No solo yo. Iremos todos. Como familia. Ya no hay veto... y no pienso ocultarme más.

La princesa lo miró como si acabara de oír algo que llevaba años deseando. Su espalda se irguió como la de una reina que no necesitaba corona.

—Gracias, hijo —dijo con una reverencia leve pero sincera—. Ir juntos... es más de lo que esperaba. Que el mundo vea quiénes somos. Quién eres tú.

Y mientras ella se retiraba para dar órdenes de preparación, Kastos sintió un leve pinchazo en el pecho. No de duda... sino de consciencia.

Volvió la vista y buscó a Baithiara. La encontró en la galería, acariciando a Lucios, que dormitaba enroscado entre las columnas. Se acercó despacio y, cuando estuvo a su lado, no usó la voz del guerrero ni del señor del feudo, sino la del hombre que había aprendido, por fin, a compartir el peso del camino.

—Tomé una decisión sin consultarte —dijo en voz baja—. No está bien. Lo sé. Y aunque me parezca correcto, debí preguntarte primero.

Baithiara lo miró con una ceja alzada, con esa mezcla de ironía y afecto que solo ella sabía sostener. Luego suspiró, pero no con fastidio, sino con orgullo.

—Kastos... —dijo suavemente, como si lo estuviera nombrando por primera vez—, tú eres mi esposo. No porque tomes decisiones solo, sino porque sabes cuándo no deberías hacerlo. Pero esto... esto no se consulta. Esto se enfrenta.

Le tomó la mano, con fuerza.

—No es tu madre quien necesita respaldo. Eres tú. Lo sabes, ¿verdad? Eres tú quien va a volver a mirar a esos rostros. Tú, quien va a caminar entre fantasmas y sonrisas envenenadas. Yo estoy contigo. No como testigo. Como escudo.

Kastos bajó la mirada, no por vergüenza, sino por respeto. Le besó los dedos, sin palabras, porque sabía que ella ya había dicho lo necesario.

Lucios se levantó, como si entendiera que la decisión ya estaba tomada.

Y así fue como partieron, no como un feudo cualquiera, sino como una familia entera.

El carruaje avanzó con discreción entre las avenidas de Convican. Aunque no era lujoso ni tirado por corceles dorados, avanzaba con la dignidad serena de quienes saben que lo esencial no necesita adornos. Dentro, los rostros eran solemnes, pero sostenidos por la cercanía del amor: Baithiara sujetaba la mano de Kastos, la princesa Oliva mantenía el mentón alto, y la niña dormía en paz, como si nada pudiera perturbar su inocencia.

Kastos vestía su vieja armadura de Guardián de las Tres Coronas. Había engrosado con los años, pero aún le ajustaba como si el tiempo respetara su historia. Esa armadura era más que metal: era memoria viva. Por decreto, podía usarla o colgarla cuando quisiera, pero él la llevaba como quien carga un estandarte invisible. No por ostentación. Por honor.

El contraste era evidente. Las carrozas de otros familiares brillaban como altares rodantes, pulidas hasta el delirio, con emblemas bordados en hilo de oro. Pero la familia de los Prados de la Paloma no tenía brillo... tenía verdad. Y en esa verdad se erguían, pequeños pero indomables.

Las miradas se volvieron al verlos entrar al salón donde aguardaba el féretro. Algunos los ignoraron con cortesía fingida. Otros —los más justos, los que aún recordaban lo esencial— se acercaron.

Una tía neutral sonrió a la niña y dijo: —Tiene los ojos de su padre... pero la frente de los sabios.

La princesa Oliva agradeció con un gesto elegante, sin palabras, pero con orgullo visible en la mirada. A su lado, Baithiara se mantuvo erguida, sin temor ni vanidad. Sabía quién era, y eso bastaba.

Climaya llegó más tarde. No entró con alarde ni con comitiva. Solo con una criatura dormida en brazos: Andury, su primer hijo. La guerrera había cambiado, pero no en esencia. Se había vuelto madre sin dejar de ser espada. Su saludo a Kastos no fue ceremonial: fue cálido, fraterno, real.

—Él ya te conoce por mi voz —dijo, mostrándole al niño—. Lo arrullo contándole historias tuyas. No todas... solo las buenas.

Kastos sonrió por primera vez en días. Y aunque el pecho aún le ardía, por un momento se sintió menos solo en su linaje.

Cuando llegó el turno de su familia, entraron juntos al panteón principal. Los muros estaban tallados con frases que buscaban eternidad. Pero Kastos no las leyó. Solo miró el féretro. Y por primera vez en años, sus ojos se nublaron.

Se adelantó un paso, con la armadura puesta, y cayó de rodillas.

Lloró.

No como un niño. Ni como un guerrero. Lloró como un nieto que, por fin, entendía que incluso en la dureza hubo algo que lo formó.

Ella había sido su única reina. Para bien o para mal. Y eso nadie podía quitárselo.

Mientras los demás mantenían el silencio del respeto, Kastos recordaba. Una mirada fugaz en la infancia. Un pan compartido en una tarde sin razón. Un gesto que no fue abrazo, pero que lo sostuvo más de lo que entonces supo. Pequeños momentos que hoy dolían como soles perdidos.

Cuando se levantó, su rostro aún estaba mojado, pero su espalda estaba firme. Y al mirar a sus tíos, tías, primos y primas, no sintió rencor. Solo historia.

Y así, la familia se retiró. En silencio. En paz.

Antes de salir del panteón, un viejo criado se acercó a Kastos. Era uno de los más antiguos de la corte. Casi invisible para los demás, pero inamovible en su lealtad. En sus manos, un sobre de papel envejecido con un sello rojo sin escudo.

—Me ordenaron dársela si alguna vez venía vestido así —dijo, con voz baja—. Ella sabía que si venía... sería con armadura.

Kastos la tomó sin decir palabra. Y ya fuera del templo, bajo la sombra de una higuera seca, la leyó.

Carta de la Reina Olivo Grueso a Kastos Kandar —entregada tras su muerte—

Kastos,
No te escribo para pedir perdón. No creo en la redención a través del papel. La vida no es un juicio... es un campo donde se siembra como se puede.
No he sido buena contigo. Tampoco te diré que fui mala. Fui lo que pude, con las herramientas que tuve. Las coronas pesan más cuando se cargan solas. Y a veces, para que los demás coman, uno debe volverse piedra.

Te vi crecer desde lejos, y no intervenía, no por desprecio, sino por temor. Temor a mirarte de frente y ver en tus ojos todo lo que no supe darte.
El día que supe de tu boda, quise ir. Quise ver, al menos una vez, una sonrisa tuya sin sombra. Pero me contaron que reíste. Que brindaste. Que bailaste. Y eso... me bastó.
La gente no es buena o mala, Kastos. Eso lo dice la poesía. La realidad es una balanza perpetua. A veces se actúa bien. A veces no. Y uno vive con eso.
No te amé como debías. Pero no creas que no lo intenté, a mi manera.
Tú, más que muchos, sabrás qué hacer con estas palabras. Y si alguna vez al recordarme sientes rabia... que al menos esa rabia te empuje hacia la justicia.
No hacia la venganza.
Y si no puedes perdonarme, al menos no permitas que tu hija me odie sin razón.
Siempre,
Olivo Grueso

Kastos cerró la carta sin mirar a nadie. La guardó en su cinturón, como quien carga un relicario... o una daga.
Luego caminó hasta el carruaje.
Y antes de subir, susurró al viento:
—Ya no hay reinas para mí. Pero sí había algo nuevo: una comprensión.
Y eso... eso también era una forma de paz.

El yugo se ponía más pesado

El regreso del funeral trajo consigo una extraña paz, como si la muerte —por una vez— no hubiese sido sólo pérdida, sino también un bálsamo silente sobre tantas heridas antiguas. Madre e hijo cabalgaron juntos, en silencio. Entre el polvo de los caminos y la brisa templada de las colinas del norte, algo en el aire se sentía distinto. No era dicha, pero tampoco derrota. Era una liberación amarga, como si al fin se hubieran desprendido de una sombra que los cubría desde hace años.

La reina Olivo Grueso había muerto.

Y aunque su nombre aún imponía respeto en el Reino de las Tres Coronas, su partida no fue seguida por luto verdadero, sino por un reajuste del equilibrio: sus hijas comenzaron a moverse como aves que, liberadas de la mirada de la madre, desplegaran sus alas para dominar el cielo a su manera.

La primera en alzar la voz fue Tilda, la conocida Dragón Gordo, hermana de Oliva y tía de Kastos. Dueña de un apetito voraz por las riquezas y el control, la muerte de su madre le abrió un espacio que llevaba esperando décadas. Y no tardó en ocuparlo.

Al llegar al feudo, Kastos y Oliva fueron recibidos no por trompetas ni bienvenida alguna, sino por un emisario silencioso y una carta perfumada con incienso amargo, sellada con el escudo de la reina Tilda.

La princesa Oliva la leyó en voz baja. Sus labios no temblaban, pero sus ojos oscurecían con cada línea.

"En estos tiempos de incertidumbre, donde los levantamientos contra la monarquía de Occidente amenazan la estabilidad de nuestros pueblos, se hace necesario el reajuste de tributos. Por mandato real, se exige al feudo de los Prados de la Paloma una contribución adicional, proporcional a las nuevas condiciones. Recordamos que dicho feudo no constituye señorío legítimo de la princesa Oliva, sino que le fue concedido en calidad de administración temporal por las Reinas del Sur. Que la justicia se cumpla sin excepción."

Kastos escuchó en silencio. Su rostro era piedra tallada, pero sus puños decían lo que sus labios callaban. Sabía lo que esa carta realmente significaba: codicia disfrazada de política. Su tía no buscaba justicia ni orden. Buscaba oro. Buscaba poder.

Lo más doloroso era que, pese a la escasez, el feudo había comenzado a sanar. Los tejados rotos habían sido restaurados, la tierra, arada con manos cansadas pero decididas, empezaba a dar frutos. Había esperanza. Había trabajo. Había sudor en cada piedra que volvía a erguirse. Pero no bastaba. Para Tilda, nada nunca era suficiente.

Kastos observó a su madre.

Ella asintió, lentamente, como quien bebe un veneno que ya no tiene fuerza para escupir.

—Lo aceptaremos —dijo. Y en esa voz no había resignación, sino una dignidad invulnerable—. No porque se lo debamos, sino porque yo te prometí que vencerías sin mancharte las manos.

Pero Kastos ya no era el muchacho furioso que una vez gritó contra el mundo. En su interior algo se había encendido, una llama que no era rabia, sino fe. La semilla que la condesa Helena había dejado plantada en su alma comenzaba a germinar. Ya no respondía con furia ciega, sino con propósito.
En su pecho no ardía venganza. Ardía esperanza.
Y esa esperanza, ahora, no era un lujo. Era un arma.
Kastos Kandar creía en la promesa.
No en la de los hombres, ni en la de los reinos, sino en aquella que le fue susurrada en un sueño antiguo, donde una voz sin rostro —pero llena de luz— le habló de una hija que sería bálsamo y herencia. En ese mismo sueño, se vio rodeado de paz, sin carencias, sin guerra... con una mesa llena, risas en las paredes, y los suyos a salvo bajo el mismo techo.
Era un sueño sagrado, y por eso, cuando la vida terrenal lo golpeaba con las garras del presente —los tributos injustos, las ruinas lentas, la escasez persistente—, él seguía aferrado a esa imagen como a un mapa secreto.
Pero incluso los mapas celestiales pierden nitidez cuando el hambre aprieta y la mirada de quienes amas se llena de reproches.
Las tensiones crecieron. Primero en los silencios. Luego en las palabras ásperas que no eran gritos, pero sí espinas. Entre él y su madre, la princesa Oliva, empezaron a aparecer grietas que ninguna oración podía tapar. Ella, que tanto había sacrificado, comenzaba a sentir que su hijo quería cosechas imposibles con semillas aún verdes. Él, que tanto la amaba, no soportaba sentir que también ella esperaba de él un milagro que no sabía cómo entregar.

Con Baithiara, su esposa, la tensión era más sutil, pero no menos dolorosa. La mujer que alguna vez vio en él al guerrero del alma herida, al amante indomable, ahora lo miraba como a un hombre vencido por las cuentas, por la rutina, por los fracasos que no sabían disfrazarse.
Y a veces, solo Anthiara, su pequeña hija, era el único lugar donde Kastos encontraba reposo. En los bosques cercanos al feudo, caminaba con ella y con Lucios, su perro fiel, entre los árboles, dejando que la brisa limpiara un poco los pensamientos. Pero hasta esos paseos comenzaron a ser más silenciosos. La niña, aún pequeña, ya intuía el dolor de su padre y, sin saber bien cómo, trataba de consolarlo.
Se sentaba junto a él y le tomaba la mano.
—¿Tú también te asustas a veces, papá?
Kastos no respondía de inmediato. Miraba al cielo y fingía una sonrisa. Pero el nudo en el pecho lo delataba. Su hija lo abrazaba, como si en su abrazo pudiera enseñarle a respirar otra vez.
Era demasiado.
Y su cuerpo lo sabía antes que su mente.
Un día, al regresar del campo, doblado de dolor, Kastos cayó de rodillas en medio del patio interior del feudo. No era herida de guerra. Era algo más profundo. Más antiguo. Algo que se había gestado entre el estrés, el vino, las malas noches, los banquetes fingidos y la tristeza que nunca se llora.
Las curadoras de la zona —mujeres sabias, acostumbradas a curar con manos y miradas—, lo atendieron. Pero tras examinarlo, se miraron entre sí con una expresión que Kastos conocía demasiado bien: preocupación disfrazada de prudencia.

—Esto no es de nuestras manos, mi señor —dijo una de ellas—. Hay un mal en tu vientre... un daño que necesita bisturí. Esto... esto es cosa de médicos.

Gracias a la reputación de su esposa entre los burgueses del pueblo —quienes aún respetaban a Baithiara por su trabajo y templanza—, consiguieron que el doctor Nicolo, un hombre de ciencia y renombre, aceptara visitarlo.

Nicolo era delgado como un hilo, de barba perfectamente cortada y con los ojos de quien ha visto a la muerte muchas veces y aún se atreve a negociar con ella.

Examinó a Kastos en silencio, con una mano firme y otra en el corazón. Luego se incorporó, se limpió las manos con un paño blanco, y habló sin rodeos:

—Tienes un daño en el vientre. No es irreversible, pero sí delicado. Hay inflamación. Te abriré... pero no sobrevivirás si no haces tu parte.

Kastos lo miró con el ceño fruncido.

—¿Cuál es mi parte?

—Bajar de peso —dijo el médico, como quien da un veredicto final—. Dejar el vino, la carne, el exceso. Si no limpias tu cuerpo antes, morirás en la mesa. No lo haré hasta que estés listo.

Y por primera vez en mucho tiempo, Kastos no pensó en batallas, ni en dragones, ni en traiciones. Pensó en Anthiara. Pensó en su hija sola en un mundo sin él. Y supo que tenía que elegir.

No entre la vida y la muerte.

Sino entre seguir siendo el hombre que había sido, o comenzar a convertirse en el hombre que su hija —y su sueño— necesitaban que fuera.

El Burgués

El tiempo, como un viejo labrador, comenzaba a arar con más firmeza el cuerpo de Kastos Kandar. Las dinámicas del hogar ya no eran las mismas, y lo que antes fue una promesa de redención se tornaba ahora en una sucesión de deberes inevitables. Las rutinas se endurecían, los silencios se alargaban, y las sonrisas —esas que en otro tiempo nacían sin esfuerzo entre él, su esposa, su hija o su madre— empezaban a costar más que una espada bien afilada.

Anthiara ya no era una criatura de brazos; había crecido. Sus palabras se multiplicaban, su andar era firme, y sus ojos, inmensos como los de su abuela Oliva, comenzaban a hacer preguntas que aún no tenían respuesta. Su madre, con la frente cansada pero el corazón entero, aceptó que era hora de enviarla a la escuela del pueblo, donde los hijos de los burgueses jugaban a aprender el mundo.

Fue allí, en ese nuevo tejido de obligaciones, donde Kastos comenzó a sentir que la vida lo empujaba hacia un tipo de servidumbre distinta. No eran cadenas de hierro las que lo ataban, sino horarios, responsabilidades, impuestos... y promesas rotas. Las riquezas prometidas seguían sin asomarse. El sueño de un feudo restaurado, floreciente, con campos verdes y vino en las copas, parecía más una broma del destino que una meta alcanzable.

Y sin embargo, no se quebró. Kastos se adaptó.

Cada mañana montaba junto a su esposa hasta el pueblo. Allí, en una modesta casa dispuesta por los burgueses que la empleaban —gente de rostros educados y manos suaves que daban órdenes sin levantar la voz—, ella realizaba las tareas que aseguraban el sustento del hogar. Luego, padre e hija se despedían con un gesto sencillo pero eterno, y Kastos la dejaba en la escuela. La niña entraba con paso valiente, aunque su espalda aún buscaba el calor del abrazo que él no siempre sabía dar.

Después, el día le pertenecía solo a él... y a Lucios, su perro.

Habían vuelto a sus viejas costumbres. Ya no como jóvenes sedientos de gloria, sino como dos viejos soldados que se niegan a retirarse. Recorriendo los linderos del feudo, arreglando cercos, contando cabezas de ganado flaco, desenterrando herramientas oxidadas, entrenando como si una guerra silenciosa aún pudiera estallar.

Aquel entrenamiento no era mero capricho. Era una plegaria. El cuerpo de Kastos, fuerte todavía, ya no respondía con la gracia de antes. Cada golpe de espada de madera, cada carrera cuesta arriba, cada caída, dolía más. Las heridas del pasado —mal cerradas, nunca olvidadas— le recordaban que el tiempo no es un enemigo visible, pero sí letal.

Y Lucios, con su hocico canoso y su lealtad intacta, también sentía el peso de los años. A veces caía antes de tiempo. A veces jadeaba más de lo esperado. Pero nunca dejaba de levantarse cuando su amo lo llamaba.

No eran lo que habían sido. Pero eran más dignos que nunca.

En ese rincón olvidado del mundo, donde los burgueses medían el trabajo en monedas y los nobles solo aparecían en cartas que nadie contestaba, Kastos y su perro decidieron que preferían morir entrenando que ceder al olvido. Y así, bajo el cielo pálido de las tierras grises, seguían escribiendo una épica sin testigos.
Una épica donde el honor no brillaba... pero tampoco se apagaba.
Kastos, fiel a lo prometido, había logrado bajar el peso que el sanador le había ordenado. Su cuerpo, aunque curtido por los años y las guerras, respondía una vez más al llamado de la disciplina. Estaba listo para operarse, y aunque la idea no lo entusiasmaba, entendía que era otro de esos sacrificios que la vida le exigía para seguir en pie.
Fue en esos días, cuando los vientos de la rutina empezaban a calmarse, que Baithiara, su esposa, recibió una carta. El sobre llevaba el sello de su estirpe, y la caligrafía, aunque sencilla, traía la emoción contenida de la sangre cercana. La carta era de su sobrina amada, Priyanka, hija de su hermana, anunciando su llegada a la región junto a su reciente esposo: un joven burgués de nombre Janithot.
Priyanka era como todas las de la rama norte de la familia de Baithiara: recia, trabajadora, directa. Llegaba con el paso firme de quien no espera permiso. Janithot, su esposo, había nacido en la pobreza, pero se había hecho a sí mismo: forjado en el ejército, diestro para los negocios, ambicioso sin disfrazarlo. Sin embargo, en su afán por prosperar, había cometido el error clásico de los principiantes: aliarse con hombres más hambrientos que él.

Esa asociación imprudente lo había enredado en un problema serio con el Tesoro de la Monarquía de Occidente. Un escándalo menor, pero con el potencial de arruinar su nombre y su futuro. Fue entonces cuando Baithiara, diestra en esas artes del equilibrio diplomático y la astucia administrativa, tomó el problema en sus manos. Sin levantar la voz y sin pedir permiso, limpió el honor de su sobrino político con la misma precisión con la que una guerrera limpia su espada después de la batalla. Salvaría el apellido del joven... y también el porvenir de su querida sobrina.

La pareja llegó pronto al territorio. Priyanka, como si siempre hubiera vivido allí. Janithot, adaptándose con rapidez, sin arrogancia ni servilismo. Con la misma facilidad con la que habían traído un problema, lo resolvieron. Y fue allí, entre las tareas de campo, las reuniones con vecinos y las caminatas en silencio, que Kastos empezó a forjar una amistad con aquel nuevo burgués.

La diferencia de edad entre ambos era evidente. También lo era la diferencia de origen. Pero Janithot tenía algo que incluso el más hosco de los hombres podía reconocer: una inteligencia tranquila, una cortesía sin exceso, y un oído atento que no juzgaba. Y eso, para un hombre como Kastos —poco dado a confiar— era un idioma difícil de rechazar.

Kastos no era fácil de tratar. Nunca lo había sido. Pero Janithot supo ganarse su respeto sin pedirlo. Lo hizo con hechos simples, sin adulación. Con una observación aguda aquí, una ayuda bien medida allá, y, sobre todo, con la paciencia de quien no pretende convertir al otro en algo distinto.

Kastos, por su parte, no era ajeno a la capacidad de su nuevo amigo. Sabía que en otro tiempo, Janithot tal vez habría envidiado su linaje, su historia, su sangre. Pero también entendía, con una humildad que había aprendido a golpes, que él mismo envidiaba ciertas habilidades de Janithot: su don para los números, su claridad para resolver conflictos, su capacidad de caminar entre hombres poderosos sin dejar de ser él mismo.

Y aunque no encontraba palabras fáciles para expresarlo, se esforzaba en dejarlo ver. Lo hacía con gestos torpes, con bromas mal disfrazadas de halago, con silencios que decían más que los discursos. Incluso en las noches, mientras caminaba con Lucios, su fiel compañero de toda vida, murmuraba cosas como:

—Este burgués... tiene lo suyo, Lucios. No es noble, pero es limpio. No lleva espada, pero no necesita esconderse. Me alegra que esté cerca. Me enorgullece... tener un amigo más.

Lucios, con ese mirar sereno de los perros sabios, alzaba apenas la oreja como quien aprueba en silencio.

Era una amistad nueva, sí. Pero para un hombre como Kastos —forjado en traiciones, desprecios y lealtades raras—, una amistad real era algo sagrado. Y eso lo hacía sentir, por primera vez en mucho tiempo... acompañado.

Un corazón triste eligiendo rumbo

Aunque algunos tributos del feudo comenzaban a saldarse con esfuerzo y constancia, la tensión en el alma de Kastos crecía como un incendio oculto bajo tierra. Sentía que el sueño que una vez lo sostuvo —aquel donde vislumbró una vida de calma, su hija protegida, su esposa rodeada de dignidad, su madre convertida en señora del dominio—, tal vez no había sido más que un capricho de su imaginación, un espejismo nacido del cansancio y del deseo.

No ansiaba grandezas por vanidad ni por oropeles. Su ambición era más profunda, más humana: deseaba que Baithiara, su esposa, viviera rodeada de belleza y cuidado, sin tener que conformarse con lo justo. Que Anthiara, su hija, creciera sin privaciones ni temores. Que su madre, la princesa Oliva, pudiera por fin ser tratada como lo que era: señora legítima de aquellas tierras, y no mera arrendataria bajo condiciones envenenadas.

Pero en lugar de paz, lo que cargaba era una tristeza constante, una ansiedad feroz que no daba tregua. Una avalancha de pensamientos lo sacudía por dentro, día y noche, como un río desbordado que no encontraba cauce. A veces temía que el peso de todo lo perdido lo hiciera caer otra vez en el abismo. Que su alma, ya tan lastimada, colapsara. Que su cuerpo cediera. Que su hija creciera sin su protección.

Baithiara lo acompañaba con fortaleza y dulzura. Aceptaba las labores con los burgueses del poblado —esas tareas menores que a Kastos lo mortificaban en silencio—, pero también decía, con la justicia que da el amor sin idealismos:

—Mi marido debería proveer de todo. No solo de cariño, sino de pan. No solo de presencia, sino de dirección.

Kastos no le respondía con palabras, sino con ese silencio torvo que carga vergüenza. Esas palabras justas se convertían en puñales silenciosos que rebotaban en su pecho durante las madrugadas, cuando ni el sueño podía adormecer su conciencia.

Y todo se agravaba por la constante fricción con Oliva, su madre. Aunque su presencia era sagrada, su manera de imponer reglas —sin escuchar del todo la lógica del pueblo— sembraba una tensión que enrarecía el ambiente. Ella no comprendía que, en el feudo, los vínculos no se gobernaban solo con linaje o decretos, sino con tacto, comunidad y humildad.

La operación que se avecinaba en el cuerpo de Kastos era un secreto que pesaba como un conjuro prohibido. Ni su madre lo sabía, ni debía saberlo. Él no quería mostrar debilidad, mucho menos frente a quien había luchado tanto por sostener su figura como la de un guerrero capaz de levantarse desde la sombra.

Fue entonces cuando tomaron una decisión íntima y firme: abandonar por un tiempo el castillo. Reacondicionarían La Bellota de Vista Alta, una cabaña olvidada en los límites occidentales del feudo, al borde de las colinas, donde el aire era más limpio y las voces de la corte no llegaban.

Con la ayuda de su nuevo amigo Janithot, lograron que trabajadores del pueblo —leales, discretos— restauraran esa cabaña entrañable. Allí, entre árboles viejos y brisas antiguas, irían a vivir Kastos, Baithiara, Anthiara y Lucios, el perro que lo había seguido incluso cuando todo el mundo le dio la espalda.

Aquel no sería un retiro de gloria, ni un castigo. Sería su nuevo hogar. No por obligación, sino por elección. Un lugar donde el mundo no le exigiera máscaras, ni títulos, ni batallas imposibles. Allí, en medio del silencio de las colinas, comenzaría una nueva vida. No una pausa, no un escondite, sino un territorio sembrado con la esperanza de construir lo esencial: dignidad, abrigo, pertenencia. Desde lo sencillo. Desde lo verdadero.

La noticia se dio una mañana tranquila, en un desayuno que fingía ser familiar. El sol apenas entraba por las ventanas altas del comedor del castillo, y los criados caminaban con una delicadeza que parecía adivinar la incomodidad que flotaba en el aire.

Fue Baithiara quien lo dijo primero, con esa claridad que no buscaba herir, pero que tampoco sabía disimular.

—Nos iremos mañana al amanecer. Ya está todo listo en la cabaña de Vista Alta.

La princesa Oliva levantó los ojos de su plato con la lentitud de quien entiende demasiado rápido. Su gesto no fue de sorpresa, sino de decepción mal contenida. Un silencio denso se instaló entre los tres. Nadie tocó el pan caliente. Ni el té humeante. Nada.

—¿Así, sin más? —preguntó Oliva al fin, con una voz que no era rabiosa, sino dolida—. ¿Te vas de esta casa como si no significara nada?

Kastos sostuvo la mirada, pero no respondió. No podía. Cualquier palabra que dijera habría sido torpe, cruel o incompleta. Baithiara, con el rostro sereno pero firme, deslizó una mano sobre la de su esposo, como recordándole que no todo debía cargarse en soledad.

Oliva lo sintió como una afrenta. No gritó, no lloró. Pero en su interior algo se rompió, porque comprendía —aunque no quisiera aceptarlo— que no era un acto de desprecio, sino una necesidad inevitable. Su hijo no la estaba rechazando. La estaba protegiendo. De sí mismo, de lo que vendría, de lo que no podía explicar.

Kastos callaba, no por cobardía, sino por compasión. Sabía que si revelaba su estado de salud, su madre lo arroparía con todo el amor que tenía... pero también con todos sus miedos. Y su madre, por fuerte que fuese en lo político, no era mujer para cuidar enfermos. Sus nervios, su ansiedad y su tendencia a sobreproteger terminarían por desgastarlos a ambos.

Pero la verdad más dura era otra. Kastos no tenía fe en despertar.

La operación que se avecinaba lo llenaba de una angustia que ya no podía ocultar en su sonrisa cansada. Desde su aparente renacer, desde aquellos sueños que creyó proféticos, todo había sido decepción tras decepción. Sentía que la vida se burlaba de sus esperanzas, que las semillas de espiritualidad sembradas en su alma no florecían, sino que se volvían espinas que solo le recordaban su insuficiencia. Que todo lo que hacía, o dejaba de hacer, no era nunca suficiente.

La despedida fue sobria. Sin gritos. Sin abrazos largos. Solo un beso en la frente, y una promesa formal: Kastos no abandonaba el feudo. Seguía comprometido con su gente, con su madre, con sus tierras... solo que ahora dormiría lejos de las murallas, en una cabaña que no tenía historia, pero que ya comenzaba a tener alma.

Baithiara, aunque conocía la gravedad de lo que se avecinaba, veía aquel cambio con otra luz. Para ella, esa cabaña no era un refugio ni un escape. Era el primer hogar verdadero que su familia tendría. Allí criaría a su hija lejos del peso de los pasillos nobles, allí pondría su voz en las decisiones de cada día. Allí, por fin, sería reina de su propia mesa.

Y aunque Kastos sentía que todo se hundía por dentro, una parte de él —silenciosa, remota— deseaba que esa visión de Baithiara pudiera, algún día, volverse la suya también.

La muerte del sabueso de las 77 monedas

La operación había terminado.

Y para su mala suerte, había salido bien.

Así lo decía Kastos en su interior, con una ironía amarga que no lograba disfrazar. Había deseado —en el fondo más turbio de su alma— que el bisturí fuese su despedida. Que el quirófano fuese su tumba blanda, y que todo lo que había dolido, fallado, traicionado o decepcionado, quedara finalmente atrás... enterrado con él. Pero no. El destino, cruel y persistente, había decidido mantenerlo vivo.
El médico —un hombre curtido por años de cirugías imposibles— confesaría más tarde que nunca había vivido algo así. Había sido la operación más difícil de su carrera. El cuerpo de Kastos, dañado por años de excesos, respondía con resistencia brutal a todo lo que se le administraba. Los narcóticos apenas surtían efecto. El dolor lo atravesaba, pero él no perdía la conciencia del todo. Era como si su espíritu se negara a abandonar el sufrimiento, como si su cuerpo dijera: "he sentido cosas peores".

Mientras su vientre permanecía abierto, Kastos estuvo casi despierto. El dolor era real, cortante, pero no suficiente para apagarlo. El apodo de su juventud —el Lobo Negro— volvió a murmullarse entre los pasillos del recinto. Y no por nostalgia, sino porque aquella criatura no era humana. Era un guerrero que se negaba a morir incluso cuando el cuerpo ya no quería luchar.

Cuando todo terminó, el médico —aquel que nunca temblaba, ni siquiera con los nobles más exigentes— se quedó largo rato en silencio, observando el cuerpo maltrecho de Kastos. Sabía que aquel paciente no era como los otros. Que, si sobrevivía, dejaría huella en él. Para siempre.

La recuperación fue lenta, agónica. Días de fiebre, sudores, desvaríos. Baithiara, firme pero herida, no se alejaba. Anthiara era mantenida lejos del cuarto, con juegos y canciones, pero su ausencia pesaba. Kastos abría los ojos y preguntaba por ella como si en el fondo aún temiera no volver a verla.

Y entonces estaba Lucios.

El perro fiel. El compañero de batallas, de noches rotas y de madrugadas sin rumbo. Siempre cerca. Siempre alerta. Sentado a los pies del lecho, miraba a su amo con esos ojos nobles que no pedían explicación, solo presencia.

Lucios lo había visto todo: el guerrero, el errante, el mercenario, el hijo herido, el padre asustado. Pero nunca lo había visto así: desnudo de todo orgullo, casi calvo, sin su barba que siempre le había dado ese aire salvaje. La cirugía no solo lo dejó sin fuerzas, también le había robado parte de su identidad.

Kastos, que había sido imagen de virilidad y poder, se descubría ahora como un hombre nuevo... o ninguno.

El tiempo sanó las heridas de la operación. El cuerpo, vencido, comenzó a levantarse lentamente. Las cicatrices ya no dolían como antes, pero Kastos sabía que la verdadera batalla apenas empezaba: la de mantenerse en pie cuando el alma aún está rota.

Sin embargo, se avecinaba un dolor más infame.

Lucios, su compañero de vida, su sombra de cuatro patas, empezaba a desvanecerse. Día tras día, su andar era más torpe. Su apetito, antaño voraz, se volvió simbólico: apenas lamía el cuenco. Dormía más, jadeaba con dificultad. Y Kastos, que había compartido más sangre con ese animal que con la mayoría de sus parientes, comprendía... que su amigo se iba.

Lo sentía en el pecho como una rendija que se abría lenta, pero segura. Lucios lo estaba dejando sin él. Sin pelea. Sin ruido. Solo con esa rendición serena que tienen los sabios. Y Kastos, por más acero que cargara en las venas, no sabía cómo prepararse para eso.

Una noche, el silencio lo confirmó.

Lucios jadeaba, perdido en su lecho de pieles. Su lomo se agitaba con dificultad. Kastos no dormía. Lo observaba desde la penumbra, con los ojos cansados y el alma suspendida. Recordó tanto, tan de golpe, que no supo si lloraba o si simplemente se rendía también.

Recordó la vez que Lucios defendió 77 monedas de plata, aquellas que eran más que dinero: eran el esfuerzo de todos en el feudo. Aquella vez en que el perro saltó sobre los ladrones con la furia de un ejército, y salvó a su amo cuando nadie más hubiera intervenido. Recordó cuando lo salvó de morir desarmado frente al gigante Borgo, lanzándose al cuello del asesino como una bestia sagrada.

Recordó las caminatas por el bosque, la niña Anthiara aferrada al lomo de Lucios, creyendo que ese perro era una criatura mágica. Y lo era. Porque no existía bestia más noble, más digna, más viva.

Lucios no ladraba. Solo respiraba como si cada aliento fuera un eco de las aventuras vividas. Como si su alma ya supiera que había cumplido todo lo que vino a hacer en este mundo.

Y se fue.

En la madrugada, sin aullido ni protesta. Se fue como vivió: fiel, silencioso, entero.

Kastos no gritó. No rompió cosas. Solo se arrodilló junto al cuerpo tibio y puso la frente sobre su lomo por última vez.

—Te vas... y yo sigo aquí. Aunque ya no sé por cuánto tiempo —murmuró.

No había otro testigo. Solo la brisa nocturna, el temblor de las ramas, y una estrella que parecía más brillante que las otras.

Al día siguiente, Kastos cavó la tumba con sus propias manos. No permitió ayuda. Quería que ese último acto lo uniera, hasta el fin, con su amigo.

Cuando terminó, envolvió el cuerpo en la manta donde tantas veces habían dormido juntos. Y al enterrarlo, colocó una piedra sobre la tierra con una inscripción sencilla, trazada con la punta de su cuchillo:

"Aquí descansa Lucios, el que nunca traicionó, el que nunca huyó."

Y así fue.

Kastos no volvió a tener otro perro.

Porque algunos lazos no se reemplazan. Solo se guardan... en el hueso del corazón.

Lucios ya no estaba. Y algo en Kastos también se fue con él.

No lo dijo. No lo gritó. Pero desde esa noche, su mirada cambió. Era como si el mundo hubiese perdido un color, una nota, una fibra invisible. Ya no se levantaba igual, ya no respondía igual. Se volvió más lento en sus pensamientos, más áspero en sus gestos. A veces, simplemente se sentaba en el umbral de la cabaña durante horas, con la mirada clavada en el horizonte, como si esperara que su amigo regresara con la lengua afuera y el alma intacta.

Pero no regresaba.

La muerte de Lucios no fue solo la muerte de un perro. Fue la caída del último guardián, del último ser que lo había amado sin condiciones, sin juicio, sin querer cambiarlo. Fue la partida de un compañero que había estado allí cuando nadie más lo estuvo.

Con su madre distante, su esposa extenuada, su hija aún demasiado pequeña para entender… Kastos quedó a solas con su vacío.

Y el vacío hablaba.

Por las noches, le susurraba con la voz del cinismo: "Nada florece a tu lado, ni siquiera los que no te exigieron nada."

Por las mañanas, lo despertaba con la certeza de que ya no tenía a quién confiarle el alma sin palabras.

Lucios había sido testigo de todo: del joven golpeado, del bastardo marginado, del mercenario errante, del príncipe sin título, del guerrero vencido, del padre que aún no sabía serlo. Y ahora, al irse, se llevaba consigo el último refugio sin juicio de Kastos Kandar.

Después del entierro, durante semanas enteras, nadie volvió a oír a Kastos reír. Ni siquiera Baithiara, que lo conocía incluso en sus sombras más íntimas.
Algo se había quebrado. Y aunque el cuerpo seguía vivo, el alma ya no se sentía obligada a seguirle el paso.

El soliloquio del pecador

No hay lanza que pese más que el juicio propio. No hay castigo más cruel que el de quien se mira al espejo y no se perdona. Y no hay oración más sincera que la que nace de un hombre rendido, despojado de todo, incluso de sí mismo.

Kastos Kandar había sobrevivido a guerras, traiciones, exilios y festines donde la risa era solo un eco de la muerte. Había amado con torpeza, liderado con rabia, y buscado redención en los brazos de mujeres y en la calma de sabios. Pero nada, nada lo quebró como la sensación de no ser suficiente.

Desde la muerte de Lucios —el único ser que lo amó sin agenda ni condición—, algo en su alma había quedado hueco, suspendido. Su mujer se volvía distante. No por frialdad, sino por dolor. Y él, torpe en el arte del afecto, la sentía cada vez más lejana. Su madre, Oliva, entre amor y exigencia, parecía amarlo como se empuja a un soldado: con esperanza… y presión. Su hija, lo único puro que sentía verdaderamente suyo, lo abrazaba con ternura. Pero incluso allí, en esos brazos pequeños, Kastos sentía que fallaba.

No era un padre suficiente.

No era un esposo suficiente.

No era un señor, ni un líder, ni un hombre completo.

Era, en sus palabras, un pecador que no sabía por qué el Creador lo había soñado… si ese sueño parecía nunca cumplirse.

Y entonces, una noche sin luna, sin vino, sin nadie… se arrodilló. Y habló:

—Creador... si estás ahí, escúchame aunque no me creas digno.
No era una súplica. Era un soliloquio. Una confesión sin testigos.
—No entiendo por qué me mostraste el sueño si no era para cumplirlo. ¿Era un juego? ¿Una burla? ¿O simplemente te entretiene ver cómo tropiezo una y otra vez sobre la piedra que tú mismo sembraste?
Se pasó las manos por el rostro, con un gesto que más parecía desesperación que devoción.
—Te pedí un hogar... y me diste uno en ruinas. Te pedí un amor, y me diste una mujer que a veces me mira como si no supiera si aún me quiere o me soporta. No la culpo. Sé que soy difícil. Que me escondo en sombras que prometí abandonar. Que peco... sin placer. Que me saboteo porque, en el fondo, aún no creo merecer nada bueno.
Se le quebró la voz. No lloró. Pero tembló.
—Lucios... ese animal me entendía más que nadie. Nunca me juzgó. Solo me esperó. Y ahora que se fue, siento que el mundo volvió a volverse piedra. Mi hija... me ama, lo sé. Pero yo... yo no soy el padre que ella necesita. ¿Cómo le doy ternura si no la reconozco ya en mi carne? ¿Cómo la protejo si apenas me sostengo?
Suspiró. Una vez. Largo. Como quien deja salir siglos de culpa.
—Y mi madre... ella me empuja. Quiere que brille. Que levante este feudo como si fuera milagro de manos vacías. Y yo... no sé si soy su hijo o su inversión. Su amor o su deuda.
Se arrodilló por completo. Frente al vacío. Frente al Todo.

—Dices que todo tiene propósito... Pero ¿cuál es el mío, si todo lo que toco se agrieta? ¿Para qué darme sueños si cada amanecer me aleja más de ellos? ¿Qué sentido tiene ser fuerte si esa fuerza solo sirve para cargar culpas?

Y entonces, su voz se volvió susurro. Una grieta sagrada en la noche:

—No pido gloria. No pido oro. Solo... dame una señal. Una chispa. Algo que me diga que aún me miras, aunque sea con lástima. Que no me dejaste del todo. Que aún soy tu hijo, aunque huela a fracaso.

Allí, donde nadie lo veía, Kastos Kandar se desnudó de sí mismo. Y fue, por fin, solo hombre. Hombre quebrado. Hombre en oración. Hombre que aún espera ser digno de la luz que alguna vez creyó haber visto.

Pero no tronó el cielo. No cayó fuego. No se abrió ninguna puerta. No llegó un mensajero.

No hubo milagro.

Solo silencio. El mismo que lo había acompañado toda la vida.

Kastos esperó unos segundos más, como si aún quedara la posibilidad de una señal. Pero no vino. Solo el viento tibio de la madrugada, moviendo las hojas como si rezaran con él.

Entonces se levantó.

Con los huesos pesados. Con el alma igual de rota. Con la herida abierta de siempre.

Pero se levantó.

Se sacudió el polvo, recogió su capa, y caminó hacia el interior del castillo en ruinas. Nada había cambiado.

Pero él... él había elegido no rendirse.

No sería santo. No sería redimido por magia. No sería salvado por el Creador.

Pero sería digno.

A su manera. En lo que pudiera. Con lo que tuviera.

Se prometió esa noche, sin que nadie lo oyera, que si no podía ser el hombre que el mundo esperaba, sería al menos un hombre que su hija pudiera recordar sin vergüenza. Que su mujer, si alguna vez dejaba de amarlo, al menos lo respetaría. Y que su madre, aunque nunca lo viera brillar como soñó, sabría que él no huyó.

Porque a veces, el mayor milagro... es simplemente seguir caminando.

Un nuevo orden

Las cosas en la monarquía comenzaban a desmoronarse como muros antiguos que, pese a su imponencia, ya no resistían el peso del tiempo. El Monarca de Occidente, corona indiscutible, se hallaba sobrepasado por las revueltas que brotaban en los territorios principales y en los reinos absorbidos —como si la riqueza que durante siglos había sostenido su trono se hubiese vuelto ahora una carga imposible de equilibrar.

Los tributos, las guerras, las conquistas... todo eso había dejado una estela de deudas y tensiones que ni el trono más sólido podía ocultar. Y en medio de ese caos, surgió una nueva clase de poder: los burgueses, antiguos financistas de la aristocracia, que habían aprendido a convertir la moneda en mando.

Sabían que los préstamos que ofrecían a la corona no serían saldados pronto. Tal vez nunca. Pero no necesitaban oro. Lo que buscaban —y consiguieron— fue influencia. A cambio de mantener la estructura a flote, exigieron posiciones, decretos, privilegios. Ya no necesitaban portar espadas ni escudos: su ejército era la ley, su reino, los documentos firmados al anochecer.

Fue entonces cuando emergieron los políticos. Hombres de verbo afilado, de modales untuosos, que jamás habían sembrado una cosecha ni derramado sangre por el trono, pero que sabían moldear la voluntad de los reinos con discursos vacíos y normas elaboradas. Ellos serían los encargados de blindar con leyes la hegemonía burguesa, desplazando a nobles tradicionales y absorbiendo, sin violencia, el control de pueblos enteros.

El Reino de las Tres Coronas, antaño absorbido por Occidente, tampoco fue la excepción. Allí, el pequeño feudo donde Kastos intentaba reconstruir su historia quedó atrapado en este nuevo orden.

Ya no sería la princesa Oliva —madre y antigua embajadora de la sangre regia— quien representara los intereses de la corona en el pueblo circundante. Los políticos lo justificaron como un "alivio de cargas administrativas". El control pasaría ahora a una "figura delegada", designada por el Consejo del Reino y financiada por fondos externos. Un burgués, naturalmente. Uno de ellos.

Kastos recibió la noticia con un silencio largo, casi agradecido. Pensó, al principio, que aquella era una forma de libertad. Ya no tendría que involucrarse con la administración del pueblo, ni mediar en disputas sobre cosechas o tributos. Su responsabilidad, decían, quedaría limitada al feudo: sus fincas, su tierra, su gente inmediata.

Le pareció un descanso. Una oportunidad para concentrarse en levantar lo suyo, sin cargar con la política podrida del reino. Pero lo que aún no comprendía —no del todo— era que esa aparente tregua era, en realidad, una amputación silenciosa del poder.

Porque el nuevo delegado no tardó en llegar...

El tiempo pasó, y con él, el rostro del reino cambió de forma... aunque no de esencia. Ahora abundaban los políticos, criaturas untadas de palabras y escasas de verdad. Cada cosa, hasta el uso de una simple pala para arar la tierra, requería una solicitud, un sello, una aprobación absurda. La burocracia se había vuelto la nueva muralla que separaba al pueblo del progreso.

En medio de ese sistema de mañas y permisos, Baithiara, la esposa de Kastos, parecía crecer como hiedra en los muros del poder. Se movía con soltura entre papeles y decretos, cultivando sonrisas estratégicas y alianzas útiles. Mientras Kastos se esforzaba por restaurar su feudo con manos callosas y alma fatigada, ella florecía entre reuniones, banquetes y comisiones. La sombra del guerrero se difuminaba, y el nombre de Baithiara comenzaba a escucharse más que el suyo en las bocas de los nuevos influyentes.

Pero los políticos no eran señores. Eran seres frustrados, de ambiciones abstractas y raíces débiles, con ínfulas de todo y la sustancia de nada. Y, paradójicamente, un hombre como Kastos les fascinaba. No lo admiraban realmente, sino que lo deseaban como se desea un objeto de colección: un relicario de tiempos heroicos, un caballero que pudieran hacer desfilar, posar, invitar a banquetes como parte del decorado de su propia importancia.

Fue en ese clima cuando Janithot, su burgués amigo, vio una oportunidad. Sabía que Kastos jamás aceptaría ayuda directa —su orgullo era una torre aún en ruinas—, así que le propuso una alternativa:

—¿Y si fueras el jefe de la guardia del territorio? Tengo amigos que pueden facilitarlo. No es caridad... Es lo justo.

Kastos no lo dudó. No por ambición, sino porque vio allí una señal, un resurgir. Imaginó que ese cargo le permitiría no solo un ingreso digno, sino, sobre todo, retomar su estandarte, el mismo que había portado con orgullo en el funeral de su abuela, cuando toda la corte —hasta la más hipócrita— lo había mirado con respeto.

Se vistió con solemnidad. Pulió su armadura, ajustó las correas de cuero gastado, y colocó sobre sus hombros el estandarte gris y dorado de su linaje silenciado. Su corazón latía con una esperanza que no se atrevía a nombrar.

Llegó al lugar señalado: el Panteón de la Guardia Real, un espacio amplio y limpio, donde resonaban los pasos como en un mausoleo. Se presentó ante su escuadra con la frente en alto, listo para instruir, para proteger, para comandar.

Pero al llegar... la ilusión se deshizo sin necesidad de palabras.

Allí no había guerreros. Había nobles jóvenes —de piernas pálidas y modales suaves— que solo buscaban una paga por desfilar, por posar con espadas decorativas, por lucir armaduras que jamás rozarían la sangre. Se preparaban para ceremonias, no para batallas. Eran estatuas móviles para los actos públicos de los políticos.

Y por supuesto, el sistema no permitiría jamás que un verdadero guerrero como Kastos tuviera autoridad real. Eso habría sido demasiado peligroso. El poder no se mezcla con la dignidad; al menos no en los reinos donde la vanidad se disfraza de ley.

Kastos no gritó. No se rompió. No arrojó su armadura al suelo. Solo bajó la cabeza por un momento, y en silencio, se alejó del grupo.

Se detuvo frente a una pequeña capilla adyacente al Panteón. Cayó de rodillas, oró con el corazón en carne viva. Habló con el Creador, no como un caballero, ni como un bastardo, ni como un noble frustrado... sino como un hijo cansado que aún quiere creer.

—Si este es mi papel —murmuró— si no soy más que una puesta en escena, que así sea. Si así lo deseas, mi Dios... no me resistiré. Si este disfraz me da pan y protege mi feudo, lo vestiré sin vergüenza. Pero no permitas que me olvide quién soy... ni por qué fui hecho.

Y así fue como Kastos Kandar aceptó su nuevo papel: un emblema sin filo, una sombra viva del antiguo honor, tolerado por un mundo que lo prefería silenciado, siempre que pudiera lucir bien frente al espejo.

El latón que brilla no es oro

Era primavera, y como cada año, los desfiles llenaban las plazas con colores que intentaban ocultar la podredumbre que crecía bajo los estandartes. Kastos Kandar, junto a su guardia de gala, participaba como lo dictaba la costumbre. No por devoción al evento, sino por respeto a su gente y por ese residuo de dignidad que se negaba a extinguir.
Sobre su espalda flameaba un estandarte particular: el lobo negro, símbolo ancestral de la casa de su padre, Kastor Lotan Kandar. No era un gesto político, ni un reclamo de linaje. Era una declaración silenciosa de sangre y honor, un recordatorio a los cielos de quién era y de dónde venía, aunque el mundo insistiera en olvidarlo.
Tras la marcha, mientras los músicos comenzaban a dispersarse y los aplausos morían entre vendedores y niños descalzos, Kastos divisó una escena que le heló la sangre. En una de las entradas del pueblo, bajo la sombra de los portones de hierro, se alzaba una formación impecable: la Guardia Clériga de la Condesa Helena. Sus túnicas oscuras, sus símbolos de fuego y fe, no dejaban lugar a dudas.
Y en medio de ellos, él.
Kastor Lotan Kandar.
Su padre.
No lo veía desde que partió de las Tierras de Respeto. Ahora, ante sus ojos, estaba el legendario guerrero: más viejo, más gris, pero tan imponente como cuando los bardos lo cantaban en las hogueras y las abuelas lo nombraban con respeto.

Pero Kastos no pudo acercarse. Porque la manada ya había llegado.

Políticos. Burócratas. Señores de risa falsa y barriga llena. Rodearon al viejo guerrero como moscas a un animal herido. Le hablaban como iguales, lo adulaban como a un actor famoso, como si su leyenda pudiera comprarse con banquetes o decretos. Era un saqueo simbólico, una humillación sin espadas.

Desde su sitio, aún vestido con su armadura ceremonial, Kastos apretó los dientes. No por envidia. No por tristeza. Sino por impotencia. Su padre estaba allí, al alcance de la voz... y aun así, inalcanzable, sepultado bajo la capa aceitosa de esa nueva aristocracia parlante. Pero lo que más lo quebró fue ver la mirada de Kastor Lotan. No hacia él —no aún—, sino hacia los hombres y mujeres que lo rodeaban con copas y fórmulas de protocolo.

Asco.

Eso vio Kastos. Asco sincero, sin filtro. Desprecio templado, como el de un lobo obligado a desfilar con corderos vestidos de oro.

Kastor no hablaba. Solo asentía de vez en cuando, con una rigidez que su hijo conocía bien. Era su forma de decir: "Terminen ya con esto." Los clérigos que lo escoltaban no ocultaban su repulsión. Ellos no estaban allí por voluntad. Eran testigos de una pantomima que el viejo guerrero toleraba por razones que aún no se revelaban.

Kastos quiso caminar hacia él. Solo unos pasos. Un saludo, un gesto. Pero no era más que un ornamento en el desfile. Un adorno para los nuevos señores, tolerado mientras no hablara fuera de turno.

Así que se quedó quieto. Con el lobo negro sobre sus hombros, como un eco de algo que una vez fue poder... y que ahora solo sobrevivía en estandartes bordados a mano.

El desfile había concluido, al menos en los papeles. Los músicos comenzaban a recoger sus instrumentos, los vendedores volvían a sus puestos, y los políticos... seguían parloteando.

Pero Kastor Lotan Kandar no estaba sujeto a protocolos. Sin previo aviso, se levantó bruscamente, como si la paciencia que lo sostenía hubiera llegado a su límite. Su Guardia Clériga lo imitó de inmediato, como una única sombra de acero y fe. El movimiento fue tan súbito, tan lleno de autoridad ancestral, que uno de los burócratas más cercanos soltó un leve chillido... y se orinó encima, intentando disimularlo con la capa.

Kastor no se molestó en ocultar su desprecio. Miró a los políticos como si fueran ratas disfrazadas de cortesanos, y habló con una calma que helaba la sangre:

—¿Ya esto terminó? ¿Mi hijo ha concluido su "horario laboral"? —preguntó con un tono de hierro recubierto de sarcasmo.

Los aludidos asintieron torpemente, algunos tragando saliva, otros bajando la mirada como niños atrapados robando fruta.

Y entonces ocurrió.

Kastor caminó directamente hacia Kastos. No hubo ceremonia, ni anuncio, ni escoltas interrumpiendo. Solo padre e hijo, uno frente al otro, por primera vez en mucho tiempo.

Kastos, aunque conmovido, sintió cómo la vergüenza se le trepaba al pecho como una hiedra ardiente. No se sentía digno. Él, que se había conformado con ser parte de un desfile decorativo. Él, que había visto cómo en las tierras de la condesa Helena —territorio ahora adherido, pero independiente del imperio de Occidente—, su padre y sus clérigos habían desafiado y vencido las nuevas imposiciones.

Kastos esperaba un regaño. Una sentencia. Una frase dura como aquellas que otrora lo empujaban a la acción.

Pero el lobo negro no había venido a castigar. Había venido a recordar.

Kastor lo miró largo rato, como si leyera su alma. Y entonces, con voz firme, profunda y sin juicio, le dijo:

—No creas que el Creador te ha olvidado, hijo mío. Solo está esperando que te despiertes. La fe no se pierde cuando la oscuridad llega... se pierde cuando uno deja de mirar hacia adentro.

Kastos tragó saliva. Sintió cómo la humillación se volvía lágrima, pero no cayó.

—Pensé... pensé que lo arruiné todo —susurró—. Que me vendí.

—Puede que sí —respondió Kastor, sin suavidad—. Pero también puede que recién estés a punto de empezar.

Hubo silencio.

Y luego, el viejo guerrero puso su mano en el hombro de su hijo, como quien unge al próximo.

—Sal de esta falsa guardia. No naciste para desfilar. Prepárate como guerrero. Como general. Algo se está moviendo en un rincón olvidado del mundo. Y te van a necesitar. Tus pares. Tus verdaderos iguales.

La brisa de la tarde agitó el estandarte del lobo negro. Y por un instante, ni siquiera Kastos supo si lo que sentía era miedo... o llamado.

Made in United States
Orlando, FL
18 August 2025